Daniel Ruda
Fehlercode 211

Daniel Ruda

FEHLERCODE 211

Der »Satansmord« von Witten – was wirklich geschah

Haag + Herchen

Bibliografische Information Der Deutschen Bibliothek
Die Deutsche Bibliothek verzeichnet diese Publikation in der Deutschen Nationalbibliografie; detaillierte bibliografische Angaben sind im Internet über http://dnb.ddb.de abrufbar.

ISBN 3-89846-265-X

Fuchshohl 19 a, 60431 Frankfurt am Main

Produktion: Herchen + Herchen & Co. Medien KG,
Frankfurt am Main
Satz: Hannelore Kniebes, Babensham
Herstellung: ip/dp
Printed in Germany

Verlagsnummer 3265

Dieses Buch ist Frank H. gewidmet.

Ruhe sanft, Freund!

Besonderer Dank gebührt an dieser Stelle meinen Eltern
wie auch meiner Schwester,
dafür, daß sie immer an mich geglaubt haben;
dem »inneren Kreis« dafür, daß es ihn gibt;
sowie Detlef G. für den gedanklichen Austausch.

Inhalt

HORRIBILE DICTU ...

Vom Ende aller Sehnsüchte

I

Diesen Tag sollte er nie vergessen. Die Sonne brannte, wie seit Tagen schon, erbarmungslos vom azurblauen Himmel. Längst wagte sich keine Wolke mehr in das Hoheitsgebiet jenes weißglühenden Planeten.

Dani schwitzte. Das Thermometer in seinem hellmetallicfarbenen Opel Vectra kratzte an der 35-Grad-Marke. Die Sozialbauten, die die Straße säumten, schienen wie geschaffen, um wie ein überdimensionaler Vorhang aus Stahl, Steinen und Beton jeden erfrischenden Lufthauch auszusperren und hämisch auf Mensch und Tier zu blicken, die bereits nach wenigen heißen Tagen an ihre körperlichen Grenzen stießen.

Zum dritten Male fuhr er die »Breite Straße« hinunter, suchenden Blikkes, ob nicht doch, entgegen allen Erwartungen, in unmittelbarer Nähe zur Hausnummer 55 ein Stellplatz für seinen Wagen zu finden war.

Dani mochte diese Straße nicht. Eigentlich hegte er gegen die gesamte Stadt Witten eine tiefe Abneigung. Jedes Mal, wenn er die Autobahn über die Ausfahrt »Witten Zentrum« verließ, ärgerte er sich über ein schier endloses Schienenwirrwarr, das, von groben Kopfsteinpflaster gesäumt, kreuz und quer die Hauptverkehrsstraßen bedeckte.

Doch weder Defizite im Stadtbild noch die in großer Anzahl vertretenen Punks und Obdachlosen reichten aus, um diesem Ort fernzubleiben. Denn hier gab es etwas, eine Chance, eine Möglichkeit, aus dem biederen Leben auszubrechen, das Spießbürgertum und alle damit verbundenen Zwänge, Regeln und Normen hinter sich zu lassen ...

Eine Frau. Oh, beileibe keine gewöhnliche Frau. Vielmehr ein fleischgewordener Männertraum von ausnehmender Schönheit, ein schwarzbunter Schmetterling, wandelbar, facettenreich. Mal ein in Marmor gemeißelter Engel, mal ein Tier, das aus den tiefsten Tiefen emporkriecht, um die Welt an den Rand des Abgrunds zu führen.

Und er gehörte ihr ...

Auf den Tag genau waren sie, Allegra und Dani, nun seit einem Monat verheiratet. Diese Heirat war Mittel zum Zweck – schließlich wollte man in ein osteuropäisches Land auswandern, und auf Allegras Bitten und Drängen hatte Dani sich die ehelichen Fesseln anlegen lassen.

Unter normalen Umständen wäre er nur unter Androhung schlimmster Strafen zu einem solchen Schritt bereit gewesen, da er, geprägt durch das ausgehende 20. Jahrhundert und die ständig ansteigende Scheidungsrate, eine standesamtliche Heirat als überholt und nicht mehr zeitgemäß ansah. Eine kirchliche Trauung wäre beiden niemals auch nur im Traum eingefallen. Die Abneigung, die sie gegen das Christentum hegten, übertraf die im Vergleich dazu läppische Rebellion gegen das Bürgertum und das standardisierte Leben bei weitem.

»Nichts wie weg!« lautete die Parole!

Eine Flucht vor einem festgelegten Weg, der sich, einem Faden gleich, durch das Leben eines jeden erwachsenen Menschen zieht, sobald dieser eine unsichtbare Schwelle überschreitet. »Nutze deine Jugend!« Wie oft hatte er diesen Satz von Allegra gehört, und wie gebannt hing er an ihren Lippen, wenn sie ihn mit abenteuerlichen Geschichten über ihr zukünftiges, gemeinsames Leben in Rumänien entflammte.

Heute ... nur noch wenige Stunden trennten ihn von diesem neuen, wunderbar unkonventionellen Dasein.

Er steuerte seinen Wagen in die eben freigewordene Lücke, die ein dunkelgrauer Mercedes auf dem äußerst schmalen Parkstreifen hinterließ, und brachte das Fahrzeug nach einmaligem Zurücksetzen in eine einwandfreie Parkposition.

Erst als er den Gurt löste, bemerkte er, wie feucht sein T-Shirt war. Unmittelbar darauf mußte er grinsen, da er schon jetzt die Schimpfkanonaden hören konnte, mit denen Allegra die Sonne bedenken würde, sollte es bis zu den Abendstunden nicht merklich kühler werden.

Nach einem kurzen Blick in den linken Außenspiegel öffnete er die Fahrertür, stieg aus, um sich gleich darauf wieder an die Karosserie zu pressen, da ein grell lackierter Linienbus in gefährlich knappem Abstand an ihm vorüberdonnerte. Nachdem er die Tür verriegelt hatte, bückte er sich und prüfte mit raschem Blick, ob auch keine Dinge, die diverse Langfinger anlocken könnten, allzu einladend herumlagen.

Beruhigt kehrte Dani dem Vectra den Rücken und ging schnellen Schrittes, ob der nahenden Autos, zu einem mittelgroßen Mehrfamilienhaus, das sich allein durch seine Farbe ein wenig Eigenständigkeit in einer langen Reihenhauskolonie bewahrt hatte. Rund um das kleine Vordach, das zwar einen Wetterschutz suggerierte, diesen allerdings nicht bot, schien sich eine neue, fremdartige Spezies entwickelt zu haben. Irgendein Witzbold fand es wohl äußerst komisch, eine Vielzahl von Kronkorken nach den Vorbild von Ameisenstraßen zu drapieren.

Vermutlich Kinder, dachte Dani und zückte den einzigen Schlüssel, den er für dieses Haus besaß. Er schloß auf, trat über die Schwelle und stand in dem ihm mittlerweile vertrauten Flur, der zwar angenehm kühl, doch mit allerlei Gerüchen wie von scharfen Reinigungsmitteln, getragenen Schuhen und deftigem Essensdunst behaftet war.

Linker Hand stand wie immer der Kinderwagen eines jungen Paares und bot diversen Mietparteien einen willkommenen Anlass, von Zeit zu Zeit darauf hinzuweisen, daß ein Treppenhaus doch kein Abstellplatz für Gerümpel sei. Natürlich war der mal diskrete, mal reichlich forsche Hinweis auf die Satzung der Hausordnung regelmäßig mit von der Partie.

Dani hatte für solche Kleingeister kaum mehr als ein müdes Schulterzucken übrig. Zu banal erschienen ihm derartige Spielchen. Dinge wie eine achtlos fortgeworfene Zigarettenkippe, die sich unverschämterweise in des Nachbars Rosenbeet zur letzten Ruhe bettete, oder eine übervolle Mülltonne waren für ihn kein Beinbruch und erst recht kein Grund für einen ernsthaften Streit. Vielmehr amüsierte ihn solches Verhalten, wenn er die Eigenheiten der »Erbsenzähler« betrachtete, die in Feinripp-Unterhemd und ausgebeulter Jogginghose Vorträge über die vielgerühmte und sprichwörtliche »deutsche Sauberkeit und Kultur« hielten und sich der unfreiwilligen Komik, die sie boten, überhaupt nicht bewußt waren.

Nun, das alles würde bald Vergangenheit sein – Rumänien lockte wie der Erlkönig. Deutschland besaß keinen Reiz mehr für ihn. Zwar war er sicher, daß er im »wilden Osten«, in sentimentalen Stunden für die Qualen des Heimwehs anfällig sein könnte, doch ein Zurück gab es nicht mehr. Alle Reisevorbereitungen, die er vertrauensvoll durch Allegra hatte erledigen lassen, waren abgeschlossen, sämtliche Brücken, die ein normales, angenehmes Leben in » good ol' Germany« garantiert hatten, waren längst zerstört, und Allegra, für sie bedeutete diese gigantische Veränderung ihres Daseins alles.

Als er die vielen Stufen zu der kleinen Wohnung im dritten Stock, in der er stundenweise mit ihr lebte, emporstieg, fragte er sich, ob die heiße Witterung, die bevorstehende Abschiedsparty und der Alkohol die morgige Fahrt nach Osteuropa nicht zu einer übermäßigen Tortur werden lassen würden. Er beschloß spontan, sich zumindest mit Altbier und Wodka stark zu beherrschen. Zudem ahnte er, daß sich sowieso kein Fahrer finden würde, um Frankie, seinen Ex-Arbeitskollegen und engen Freund, zurück nach Herten zu fahren, wo er ihn nachher, wie schon oft zuvor, an einem Parkhaus treffen wollte, um ihn für die Party abzuholen.

Dani hätte diese Extrafahrt normalerweise nichts ausgemacht. Im Gegenteil – sooft es ging, klemmte er sich hinters Steuer, was für ihn regelrecht eine Entspannung darstellte.

Diesmal jedoch, im Hinblick auf die anstehende Reise, nervte ihn dieser abermalige Abstecher in seine Heimatstadt, und die Hitze tat ihr übriges.

Mit jeder Stufe, die er hochstieg, schien das Licht automatisch abzunehmen, was jedoch kein übernatürliches Phänomen war, sondern schlicht daran lag, daß die ohnehin schon schmalen Fenster eine dicke Staub- und Fettschicht aufwiesen, was, oberflächlich betrachtet, nicht gerade vorteilhaft für den Ruf der Hausbewohner war.

Als er die einfache Furnierholztür mit ihren Aufklebern und Kratzern sah, mußte er an den Ärger denken, den ihm ein solcher Sticker mit den Worten »Kadaververwertungsanstalt, Bunkertor 7, Dachau« nebst einer phantasievollen Telefonnummer vor kurzen bereitet hatte. Vor ca. drei Wochen nämlich erschien die Polizei inklusive der Spezialabteilung »Staatsschutz« vor seiner Wohnstätte. Mit wichtig aussehender Mine untersuchten die Beamten seinen Wagen, da dieser auf Fahrer- wie Beifahrertür besagten Aufkleber zur Schau stellte und ohnehin durch ein recht großes Pentagramm und diverse Schlagworte auf sich aufmerksam machte. Damals wollte man ihm weismachen, daß der Begriff »Kadaververwertungsanstalt« in Verbindung mit der Stadt Dachau ausreicht, um den Tatbestand der Volksverhetzung zu erfüllen. Man stellte Dani vor die Wahl, entweder die Aufkleber zu entfernen oder aber den Wagen sicherzustellen. Er entschied sich für Ersteres und fuhr den Vectra, mit Staatschutz und Schupo im Schlepptau zu einer kleinen Wellblechgarage, die knappe hundert Meter von seinem Wohnhaus am Anfang der Straße stand.

Natürlich wäre es möglich gewesen, die »Hetzschrift« auch an Ort und Stelle abzuknibbeln, doch die Nachbarn, insbesondere Menschen älteren Jahrgangs, ließen sich bereits in Scharen auf den Fensterbänken nieder. Kissen wurden bereitgelegt, um die Ellenbogen zu schonen, und für ein solches Schauspiel war Dani sich zu schade. Außerdem freute er sich bereits jetzt auf die langen Gesichter, wenn gerade in die Welt gesetzte Gerüchte wie »Hast du,s schon gehört? Dani wurde verhaftet!« sofort als unrichtig verworfen werden mußten.

Das Ende vom Lied waren ein zerkratzter Lack, ein eingerissener Fingernagel und die Vorladung ins Polizeipräsidium Recklinghausen, wo man ihn erkennungsdienstlich behandelte sowie ihm die Anzeige offerierte.

Genaugenommen empfand Dani die ganze Geschichte als äußerst ärgerlich. Als Allegra ihm mit der Idee kam, derartige Klebefolien anfertigen zu lassen, sprach er seinen Unmut darüber auch offen aus. Schließlich war *er* es, der täglich mit dem Wagen unterwegs war und ihm als alleinigem

Fahrer war es auch klar, wer für diese Provokation gerade zu stehen hatte. Doch all das, jene Reibereien mit deutschen Behörden – all das zählte nun nicht mehr. »Aanzeiigee«, Dani lächelte kurz, als er dieses Wort im Flüsterton und extra gedehnt aussprach, atmete er ein und klopfte an Allegras Tür.

Er war es gewohnt, daß sie nicht sofort öffnete. Seit er sie kannte, nämlich seit knapp einem Jahr, war sie stets mit irgendwelchen Dingen beschäftigt. »Frauensachen« nannte sie diese Aktivitäten, die einem schnelleren Türöffnen entgegenstanden. »Davon versteht ihr Kerle nichts.« Nein – *das* verstand Dani wirklich nicht. Wenn man weiß, daß sich für eine bestimmte Uhrzeit der Freund, Mann oder wer auch immer angekündigt hat, geht man doch nicht mehr ins Bad, um sich die Haare zu tönen oder neue Piercings zu stechen ...

Völlig egal. Dani verzieh ihr alles, fast ebenso, wie der Besitzer eines rassigen Sportwagens über den hohen Benzinverbrauch hinwegsah. Vom kleinen Schnitzer bis zur großen Entgleisung. Wie vor zwei Monaten, als Allegra und er in einem Bochumer Club weilten. Dort goß sich ein ungeschickter Bekannter ihrerseits einen Schluck Altbier über die Hand, und Allegra hatte nichts Sinnvolleres zu tun, als diesem Menschen mit ihrer Zunge die Finger von diesem Mißgeschick zu befreien. Die sensiblen Antennen, die der damals frisch »Gesäuberte« besaß, bewirkten, daß er das Knistern, das plötzlich in der Luft lag, richtig zu deuten wußte. Dani war nämlich kurz davor, diesem Individuum die Ohren langzuziehen, und das war noch milde ausgedrückt.

Vielleicht war es jedoch gerade dieses »Sich-Danebenbenehmen«, jene erotische Spannung, die Allegra verursachte und mit der sie ihn herausforderte, sein Verlangen wachsen ließ, um ihn mit einer Geste, einem Wink in einen willigen Sklaven zu verwandeln.

Die Tür öffnete sich. Schwer kroch der Duft eines die Sinne vernebelnden Parfüms durch den größer werdenden Spalt, vermischte sich mit dem Dunst des Treppenhauses und schien bald jeden Winkel auszufüllen. Fast blitzartig spürte er seinen Pulsschlag in den Schläfen, und ein durch den Duft sowie die äußerst warme, stickige Wohnungsluft verursachter Kopfschmerz kündigte sich an.

»Hey!« grüßte er, als seine jüngst Angetraute ihn hineinließ.

Flüchtig gab sie ihm einen Kuss. »Hey Darlin'!« entgegnete sie. »Grab' dich irgendwie zum Wohnzimmer durch, ich muß noch rasch ins Bad!« Sprach's und verbarg ihren spärlich bekleideten Leib hinter der Naßzellentür, die mit Schwung ins Schloß fiel.

»Durchgraben« ist gut, dachte Dani. Die kleine Diele, von der drei Räume abgingen, war fast unpassierbar.

Hunderte CDs lagen durcheinandergeworfen auf dem Fußboden. Inmitten des Gewühls stand ein großer schwarzer Koffer – Danis Koffer. Auch die Tonträger, die nun auf dem Boden lagen, anstatt in den Tiefen des Gepäckstückes auf erneuten Einsatz zu warten, gehörten ihm.

Ein leichter Kloß begann sich in seinem Hals zu formen, als er sah, wie mit seinen Lieblingen, seinen Schätzen umgegangen wurde, wenn er außer Haus war. Leise seufzend ging er in die Hocke, nahm eine einzeln daliegende Disc und steckte sie wieder in die dazugehörige Hülle, die nur wenige Zentimeter entfernt lag. Verdammt! Wozu hatte er extra die wichtigsten Stücke seiner Sammlung am Vortag von Herten nach Witten gebracht, wenn die Dinge nicht mal hier vor Schäden sicher waren?

Sinn und Zweck dieser Verlegungsaktion war folgender: Allegra nahm sämtliche Reisevorbereitungen in ihre Hände. Demnach kümmerte sie sich auch um die Verbringung der persönlichen Besitztümer nach Rumänien. Jegliches, selbstredend wiederholtes Nachfragen seitens Dani wurde stets mit einem »Du vertraust mir doch, nicht wahr? Mach' dir keinen Kopf, es läuft alles nach Plan!« abgeblockt. Dennoch – Dani war jemand, der sich die Kontrolle solch immens wichtiger Dinge nicht vollends aus den Händen nehmen lassen wollte. Da er niemand der Leute kannte, die Allegra beauftragte hatte, ihm am nächsten Tag bei der Räumung seiner Wohnstätte behilflich zu sein, und irgendwelchen »dahergelaufenen« Personen eher mißtraute, hielt er es für klüger, zumindest seine CD-Sammlung schon mal »in Sicherheit« zu bringen. Was man hat, hat man!

Als er damit fortfuhr, die CDs vom mit Brandlöchern übersäten Teppichboden zu klauben, hörte er die Toilettenspülung, was er als Zeichen nahm, Allegra würde gleich aus dem Bad kommen. Schnell stapelte er die Plastiketuis, die er noch in der Hand hielt, in einer Ecke des Koffers auf. Er richtete sich wohl etwas zu rasch auf, denn seine linke Wade protestierte mit einem leichten Krampf auf diese plötzliche Bewegung, und huschte ins Wohnzimmer.

Dieser Raum war der größte der Wohnung. Zugleich wirkte er abschrekkend, zumindest auf unbedarfte Besucher. Die bizarre Einrichtung, die weniger aus Zweckmöbeln als aus allerlei düsterem Zierat bestand, hätte auch dem Haus der »Addams Family« gut zu Gesicht gestanden. Unter dem einzigen Fenster, bei dem ein Rollo den Blick nach draußen verwehrte, stand ein dunkelbrauner Eichensarg, auf dessen Deckel ein circa 25 cm großes Kruzifix in inverser Stellung aufgenagelt war. Rechts davon, in die

Ecke gelehnt, stand eine mannshohe schwarze Sense. Diverse Tischchen sowie eine wuchtige dunkle Kommode quollen über vor Totenschädeln, morbiden Aschenbechern, unzähligem Tand und getrockneten Rosen.

Die Apparatur, die der Phantasie den größten Spielraum ließ, war jedoch ein Gebilde, das aus vier Haken, vier Paar Handschellen sowie zwei mehrere Meter langen Ketten bestand. Die Haken in rechteckiger Anordnung in der Decke befestigt. Die Ketten waren so drapiert, daß man mittels der Handschellen bequem einen Menschen fesseln konnte. Alles in allem diente dieses Equipment aber nicht zur Verwirklichung irgendwelcher sadomasochistischen Gedanken, sondern in erster Linie dazu, dem Raum etwas mehr Pep zu verleihen. Die Wand, in der die Tür eingelassen war, bestach nicht wie die übrigen drei durch Poster etc., sondern zog den Betrachter durch Wort und Schrift, vorzugsweise per Filzstift auf den nackten Stein geschrieben, in ihren Bann.

Dani zog seine Rauchutensilien aus den Gesäßtaschen, warf sie auf einen mit Bierflaschen und Schokoriegelpapieren überladenen kleinen Glastisch und ließ sich auf ein abgewetztes rotes Sofa plumpsen, das neben einem barock wirkenden Stuhl die einzige Sitzgelegenheit darstellte.

Er bemerkte, wie der Stecker einer kleinen Lichterkette, wie man sie zur Weihnachtszeit an Tausenden Tannenbäumen entdecken kann, aus der Badezimmersteckdose gezogen wurde (dieses Leuchtmittel war die einzige Lichtquelle im Raum).

Die Tür schwang auf, und schnellen Schrittes bog Allegra ins Schlafzimmer ab, durch das man in einen kleinen Küchenbereich gelangte.

Dani wunderte sich über dieses Verhalten nicht mehr. Er wußte, was es zu bedeuten hatte, und lag auch dieses mal mit seiner Vermutung richtig. Kurz darauf nämlich stand sie vor ihm, hielt ihm eine Flasche eines neumodischen Softdrinks unter die Nase mit der Begründung, ihr sei eingefallen, daß er sich ja heute mit dem »Alk« einschränken wollte. Dankbar griff er zu, zumal er das mittlerweile warm gewordene Alt noch nicht geöffnet hatte.

Sie trat einen Schritt zurück, sah ihn mit blitzenden Augen an, fuhr mit ihren Händen lasziv an ihrem Körper entlang und neckte ihn mit einem knappen »Na?«

»Ein echter Hammer!« gierte Dani, und damit hatte er recht. Was dort vor ihm stand, war eine jener Frauen, die zwar ihren Platz in bierseligen Gesprächen von Männerrunden hatten, die man wirklich und leibhaftig aber selten zu Gesicht bekam. Ihr weißer Körper war umhüllt von einem grobmaschigen Netz, einem Catsuit, der durch Lacktanga und Lederbustier eine derart verdorbene Erotik preisgab, daß Danis Hose plötzlich enger wurde.

»Kommt doch gut, oder?« schätzte sie. »Heute abend ziehe ich aber 'nen schwarzen Rock darüber – den mit dem hohen Schlitz.«

»Ach, warum denn?« stieß Dani hervor, »bleib doch so! Ist doch eh so heiß heute ...«

»Ja, genau«, grinste sie und entblößte ihr makelloses Gebiß, »das würde dir gefallen?! Gemach, Sundown, gemach – heute nacht gehört das sowieso alles dir. Naja, sagen wir lieber, in den frühen Morgenstunden. Rück, mal ein Stück!«

Sie ging auf die Couch zu, die er zuvor ganz allein in Beschlag genommen hatte, setze sich mit dem Rücken zur Armlehne und legte die Beine auf seinen Schoß, wobei sie mit Unschuld im Blick mit der Wade am Reißverschluss seiner Hose entlang fuhr. Dani küsste ihr Knie, strich ihr sanft über die Schenkel, doch konnte er die Dinge, die ihm beständig im Kopf umhergingen, nicht abschütteln.

Allegra entging diese innere Anspannung nicht. Sie schmiegte sich an seine Schulter und fragte leise:

»Was hast du? Hast du mir nicht versprochen, dich nicht zu sorgen?«

Sie hauchte ihm einen Kuss auf den Hals, glitt mit der Zungenspitze über eine heilende Bisswunde, die sie ihm vor wenigen Tagen erst zugefügt hatte, und sah ihn fragend an.

»Dir kann man echt nichts vormachen«, stellte er fest, langte über ihre Beine hinweg zum Tisch, griff sein Getränk, nahm einen Schluck und hielt die Flasche in einer Hand umklammert.

»Hmm«, setzte er an, »es ist nur, daß du mir ständig ausweichst, wenn ich dich nach Einzelheiten fragte, was unsere Zukunft betrifft. Ich meine, ich habe meine Arbeitsstelle gekündigt, habe Unmengen von Geld verschleudert, habe fast alles, was mir etwas bedeutet, aufgegeben, und alles nur auf ein Wort von dir. Verstehe mich jetzt nicht falsch – ich habe nur Furcht vor dem, was sein wird, wenn du vielleicht nicht mehr da bist. Was soll ich dann anfangen? Schließlich kenne ich in Rumänien niemanden!«

Allegras Körper spannte sich – wie immer, wenn er auf seinen Job in spe, die Zukunft im allgemeinen oder auch nur auf seine Beziehung zu ihr, die ja mittlerweile eine Ehe war, zu sprechen kam. Sie schwang die Beine von seinem Schoß, setzte sich auf und legte die Ellbogen auf ihre Knie. Als sie sprach, war ihre Stimme nun mehr ein Flüstern, untermalt von einem kehligen Unterton, der immer dann mit einfloß, wenn ihr etwas gegen den Strich ging.

»Dani...«, knarzte sie, »was willst du von mir? Hast du plötzlich Manschetten vor dem Unbekannten, vor dem, was sein wird? Weißt du was? Wir bleiben hier, blasen die ganze Sache einfach ab! Willst du das? Ist das dein Wunsch??«

»N-nein !!« stammelte Dani heftig, »so war das doch gar nicht gemeint! Ich ...«

»So?! *So* war es nicht gemeint?« unterbrach sie ihn ruppig »Ich erkenne nur, daß du meine Worte in Frage stellst. Ich dachte, wir wären füreinander bestimmt... Schworen uns ewige Liebe, und das setzt ein absolutes Vertrauen voraus!«

Diese Worte trafen ihn wie ein Hammer. Wenn Allegra derartige Dinge sagte, seine Liebe zu ihr mit Zweifeln belegte, tat er regelmäßig alles, um sie zu beschwichtigen. In solchen Situationen war er sich schon öfters wie ein geprügelter Hund vorgekommen, der trotz scheltender Worte schwanzwedelnd an der Hand seiner Herrin leckt.

Nein, er wollte ihr glauben, er *mußte* ihr einfach glauben. Sie war sein ein und alles. Ihr Wohlwollen galt es zu erhalten, alles andere war absolut zweitrangig.

»Es ... Verzeih«, brummelte er, »es liegt einfach in meinem Naturell, über Vorgänge, die mich betreffen, absolut im Bilde zu sein. Es ist schwer, dieses Denken aufzugeben. Laß uns nicht mehr darüber sprechen – ich wollte dich wirklich nicht verärgern!«

Stille. Allegra erhob sich, ging um den gläsernen Tisch zu einer der Ketten, griff mit beiden Händen nach einem Ende und ließ es durch die Finger gleiten. Nach einer Weile blickte sie auf und raunte:

»In Ordnung, aber ich verlasse mich darauf. Frage mich nicht mehr danach. Spätestens Sonntag sind wir doch sowieso vor Ort, und wenn ich dir jetzt alles lang und breit erkläre, ist es doch keine Überraschung mehr.«

Dani begnügte sich mit dieser Antwort und war froh, daß er die Wogen glätten konnte, bevor sie zu groß wurden.

Was seinen zukünftigen Job betraf, den er in Rumänien verrichten sollte, wußte er nach wie vor recht wenig. Da Allegra wie auch er überzeugte Satanisten waren und zudem ein ausgeprägtes Faible für den Vampirismus hatten, mußte die neue »Arbeitsstelle«, irgendwo in der Nähe der Rumänischen Karpaten, eine absolute Traumbeschäftigung sein.

Vor mehr als einem Jahr hatte er in einer Fernsehreportage einen Bericht gesehen, in dem ein Mann vorgestellt wurde, der im eigentlich armen Rumänien exklusive Erlebnisreisen für betuchte Menschen anbot, die sich eine Woche oder länger dem Thrill und Grusel eines stimmigen »Dracula-Schlosses« aussetzen wollten. Durch Allegras Beziehungen und Kontakte in halb Europa hatte sie unabhängig von diesem TV-Bericht (zu diesem Zeitpunkt wußte sie nicht mal, daß Dani Kenntnis von diesem »Etablissement« hatte) vor einigen Monaten das Angebot bekommen, das große Geld in jenem Schloß-Hotel zu machen. Was jedoch genau dort zu tun war, verschwieg sie ihm hartnäckig. Einzig, daß er sich nicht zu sorgen brauche und der Rubel rollen würde.

Nun war es an Dani aufzustehen. Bedächtig ging er auf sie zu, legte seine Hand an ihre Hüfte, die andere auf ihren netzbestrumpften Po und hauchte ihr ein »Danke« entgegen, dem sie mit kaum merklichen Grinsen antwortete.

»Wann fahren wir, um Frankie abzuholen?« fragte sie.

»Wir?!« Dani wirkte irritiert und wich einen Schritt zurück. »Ich dachte, es sei ausgemacht, daß ich allein nach Herten düse. Wolltest du nicht auf Angel warten, für den Fall, daß er eher als erwartet hier aufkreuzt?«

Ihrem Mund entwich ein gutturales Kichern.

»Lass dich überraschen ...« säuselte sie jenes unsägliche Rudi-Carell-Thema. »Hab halt umdisponiert. Angel wird eh nicht vor 20 Uhr hier auflaufen, und bis dahin sind wir doch dreimal wieder zurück.« Dani dachte nach. Angel, Frankie, jene ominöse Party, Allegras Werk ... Er fühlte sich beinahe wie ein Statist, dem erst im aller letzen Moment Sinn und Zweck seiner Rolle erklärt wird. Angel war ein enger Freund seiner Frau, der in Essen lebte und Dani hatte sich nur flüchtig mit ihm bekannt gemacht.

Die Party jedenfalls sollte groß und pompös aufgezogen werden. V.I.P.-Pässe wurden im Vorfeld ausgegeben, und alles diente einzig dem Zweck, sich standesgemäß von Bekannten und Vertrauten zu verabschieden. Dani hatte eigentlich keine Lust auf diesen Trubel. Die Leute, die ihm selbst etwas bedeuteten, sowie die Brüder und Schwestern seines Glaubens – all jenen hatte er längst Lebewohl gesagt.

Der bevorstehende Abend erschien ihm mehr und mehr zu einer Pflichtübung zu verkommen. Wäre da nicht Frankie ...

Dani hatte ihn vor ungefähr zwei Jahren als neu hinzugekommenen Arbeitskollegen kennengelernt. Nach erstem Abtasten und Beschnuppern fanden sie schnell gemeinsame Interessen, wie beispielweise die TV-Kultfamilie Bundy, Rock- und Metalmusik, sowie die Vorliebe für Frauen in Lack- und Latexkleidung. Viele Male hatte man sich schon an einem Parkhaus in Herten getroffen, jenem Ort, von dem aus beide des öfteren zu diversen Gothic- und Fetisch-Events fuhren.

Mit Frankie gab es jedoch ein Problem: Er war kein Frauentyp. Sooft Dani sich auch bemühte, egal, wie vielen optisch »heißen« Bräuten er seine Aufwartung entbot, nie wollte sich eine jener jungen Frauen mit Frankie verabreden oder sich gar von ihm zum Essen, ins Kino oder sonst wohin einladen lassen. Dani jedoch war der Ansicht, daß, wenn sich ein geeignetes Gothic-Girl mit Frankie beschäftigen und erkennen würde, was für ein angenehmer Mensch er war, sähe die Sache sicherlich anders aus.

Nun, jetzt, da Danis Stunden in Deutschland gezählt waren und er Frankie für lange Zeit, wenn nicht gar für immer aus den Augen verlieren sollte, wollte er sich ein letztes Mal als Kuppler versuchen, um Frankie mit irgend jemand Nettem zusammenzubringen. Schon vor Wochen, als Dani Frankie während einer ruhigen Minute auf der Arbeit ansprach, um ihn für die Party zu begeistern, gab er ihm augenzwinkernd eine Art »Abschlepp-Garantie«, worauf beide zu lachen anfingen.

II

Als Dani zum Fenster ging und die fast vollständig geschlossene Jalousie etwas Hochzug, schossen augenblicklich Hunderte Sonnenstrahlen in den rauchgeschwängerten Raum und warfen bizarre Muster auf Teppich, Wände und ihn selbst. Allegra, die etwas gedankenverloren hinter ihm stand und noch immer das Ende der Kette in den Fingern hielt, reagierte auf die gleißende Helligkeit, die sich ihr in die Pupillen brannte, mit einem Stirnrunzeln und vorwurfsvollem Blick.

»Etwas Frischluft ...«, sagte Dani entschuldigend. »Warum läuft eigentlich keine Musik? Konntest du dich für keine meiner Platten begeistern?«

Allegra entging diese Anspielung auf die Unordnung, die sie in seine vorher ordentlich im Koffer gestapelten CDs gebracht hatte, nicht. Dennoch reagierte sie erstaunlich gelassen.

»Hmm, nee, weiß auch nicht. Hatte vorhin einfach keinen Bock auf Sound. Hast aber recht – leg' mal was auf!«

Während sie sprach, ging sie zurück zum Sofa, legte sich der Länge nach hin, so dass ein Drittel ihrer Beine über den Rand der Armlehne ragte, bettete den Kopf auf das Gegenstück und schloß die Augen.

»Ooch«, scherzte Dani, »ist die Miezekatze müde?«

»Idiot!«, konterte sie, musste kurz darauf aber lächeln.

Dani wandte sich dem Schlafzimmer zu. Für gewöhnlich hielten sich beide hauptsächlich in diesem Raum auf. Zum einen, weil das Fenster direkt zur Straße lag, zum anderen, da sich die Küchenzeile ebenfalls, abgetrennt durch eine dünne Wand mit Falttür, in diesem Raum befand.

Als er die mickerige Diele, mit den noch immer zahlreich auf dem Boden verstreuten CDs durchschritt und die mit einer Scheibe aus getöntem, geeistem Glas versehene Schlafzimmertür öffnete, war er zum ersten Mal an diesem Tag, Überraschungsparty hin oder her, wirklich überrascht. Der Raum glich einem Schlachtfeld. Unmengen an Kleidungsstücken, Stiefeln, High Heels, Taschen – nahezu alles, was der große, dunkelbraune Eichenholzschrank, der beinahe eine ganze Wandbreite Platz benötigte, einst enthalten hatte, lag nun scheinbar ohne System oder näheren Sinn über Bett, Teppich und Fensterbank verteilt.

»Oh Mann!« stieß Dani hervor, »Was ist denn hier passiert?! Vertraust du beim Kofferpacken auf das Chaosprinzip? Oder hast du die Wirkungsweise von Handgranaten in Wohnräumen getestet?«

Ohne auf eine Antwort zu warten, griff er blindlings nach diversen T-Shirts, Slips, Blusen und sonstigem und warf sie auf das ohnehin schon im

Wirrwarr versinkende Bett, um sich durch diese »erste Hilfe« eine freie Gasse zum in der Ecke stehenden CD-Player zu schaffen. Ohne auf den Titel zu achten, fischte er einen Longplayer aus dem Sammelsurium von ungefähr fünfundzwanzig Silberlingen, die (wie immer) bar jeder Hülle herumlag, legte sie ins Laufwerk und stellte erfreut fest, daß es sich um die »Panzerdivision Marduk« handelte, einem ordentlichen Black-Metal-Gewitter, das nun die Luft erfüllte.

Nachdem er diesen vertrauten Klängen etwa eine halbe Minute gelauscht hatte, riß ihn Allegras laute Stimme aus diesem, beinahe traumähnlichen Zustand, in den man so leicht verfiel, wenn gute Musik in die Gehörgänge drang.

Da er durch die jedes Geräusch verschluckende Lautstärke nicht verstand, was sie ihm zurief, stiefelte er ins Wohnzimmer zurück, wo er sie mittlerweile auf dem Rand der Couch sitzend, mit einem Stift in der Hand und vor sich einem zur Hälfte beschriebenem Blatt Papier, vorfand.

»Und?« hakte sie nach.

»Was, und?« entgegnete er schulterzuckend, »Sorry, ich habe nicht verstanden, was du mir zugerufen hast ...« Er trottete um den kleinen Glastisch herum und ging vor ihr in die Hocke.

»Ich wollte wissen, wie viel Bargeld du momentan dabei hast«, erklärte sie.

»Willst du noch was einkaufen?«, stieß er mit einem Grinsen hervor, schob jedoch hastig ein: «Etwa fünfhundert Mark!« hinterher, als er ihren verdrießlichen Blick auf sich ruhen sah.

»Natürlich nicht«, blaffte sie, »du weißt doch, daß ich den ganzen Haufen Geld, den du mir vorab schon gegeben hast, immer sofort und direkt nach Rumänien geschickt habe. Hast du das vergessen? Na, jedenfalls bin ich der Meinung, daß wir von diesen fünfhundert Mark noch vierhundert an dieselbe Adresse schicken sollten«, fuhr sie unvermittelt fort. »Die Vorteile, die wir haben, wenn wir mit wenig Cash unterwegs sind, habe ich dir doch schon erklärt!«

Allerdings, das hatte sie. Dennoch war dieser Hinweis absolut überflüssig und stieß Dani sauer auf. Schließlich war er kein Dummkopf und kannte sich in finanziellen Dingen bestens aus. Er war sich darüber im klaren, daß in einem Ostblockstaat, in dem Armut dem Großteil der Bevölkerung zu schaffen machte, besonders die Auswüchse der Kriminalität und auch Taschendiebstahl nicht zu unterschätzen waren. Glücklicherweise verfügte er über eine Anzahl Plastikkarten, die bonbonfarben und fröhlich aus den Schubfächern seiner Geldbörse lugten, die weite Welt versprachen und als gute Freunde erschienen, zumindest so lange, wie man an jedem Monatsersten den fälligen Rechnungsbetrag beglich.

»Ähm, ok, klar!« stimmte er ihr zu, »mach's so, wie du's für richtig hältst! Ich gebe dir die Asche dann, wenn wir im Auto sitzen, um Frankie abzuholen, da ich mein Portemonnaie ins Handschuhfach gelegt habe.«

»Apropos Frankie, du hast mir noch immer nicht gesagt, wann wir nun losfahren« wollte sie wissen.

Dani sah kurz auf seine Armbanduhr und erwiderte: »So in einer Stunde, gegen halb sechs. Frankie meinte, er müsse heute bis halb vier arbeiten und wäre dann um ca. 18 Uhr am Parkhaus.«

Allegra schien mit dieser Antwort zufrieden, sie gab ein leises Grunzen von sich und widmete sich wieder ihrem Brief. Derweil ließ Dani seinen Blick ziellos durch den Raum schweifen, und erst jetzt fiel ihm auf, in welch erbarmungswürdigem Zustand sich das ehemals so gepflegt wirkende Wohnzimmer befand. In den Schatten, die etliche Partien des Teppichs fest im Griff hatten, entdeckte er ausgetretene Zigarettenkippen sowie Brandlöcher, die gestern noch nicht dort waren, oder er hatte sie schlicht übersehen.

Egal, sagte er sich, denn er konnte sich kaum vorstellen, daß ein neuer Mieter, der nach ihnen diese »Bude« in Beschlag nehmen würde, mit diesem arg verschlissenen Stück Auslegeware zufrieden wäre. Dani stand auf, streckte sich und unterdrückte ein Gähnen. Er langte nach einer Schachtel Zigaretten, die hinter ihm auf der Kommode lag, entnahm ihr einen Glimmstengel und setzte ihn mit seinem ZIPPO-Feuerzeug, das er schon Jahre besaß und dessen zerkratzte Oberfläche von einer steten Benutzung kündete, in Brand.

Mangels einer sinnvollen Beschäftigung trat er an den Teil der Wand heran, der von unzähligen Worten, die mit einem schwarzen Filzstift geschrieben waren, verunziert war. Besonders eine Ansammlung von Vor- und Nachnamen erweckten sein Interesse, zumal diese »Liste« erst vor einigen Stunden dort ihren Platz gefunden haben musste. Ohne sich zu Allegra umzudrehen, fragte er: »Was hat denn das zu bedeuten?«

Keine Antwort. Das einzige Geräusch im Raum war das Kratzen der Kugelschreibermine, die ihre Tinte auf den nunmehr zweiten oder dritten Umschlag abgab.

»Hey!« setzte er erneut an, »was ist das hier?«

»Hm?!« blinzelte Allegra ihn an und wirkte, als sei sie soeben aus tiefem Schlaf erwacht. »Was? ... Ach das, das habe ich heute morgen hingekritzelt... Hat nix Besonderes zu bedeuten.«

Dani stutzte. Schließlich schloß diese an der Wand prangende Litanei mit den Worten: Freuet euch, ihr seid die nächsten.

»Wie, hat nix zu bedeuten?« stichelte er, »ich kapiere den Sinn überhaupt nicht!«

»Ach«, druckste sie, »ich habe mir nur gedacht, ich style Frankie nachher ein bißchen auf, so Zombie-like ... dann vielleicht ein Pic machen oder so ...«

Dani glotze sie an. »Häh?! Ich kapier' das immer noch nicht! Was hast du denn vor? Weiß Frankie Bescheid, daß du ihn mit Schminke in eine Tunte verwandeln willst?« gab er zu bedenken und mußte unwillkürlich grinsen, da er sich Frankie gerade als Drag-Queen vorstellte.

»So was doch nicht!« blaffte sie, »Laß mich mal machen! Übrigens, ich schreibe gerade einen gepfefferten Brief an Roland. Dieses Arschloch soll sich ruhig ins Hemd machen. Von mir aus kann er auch zu den Bullen rennen; eh der den Drohbrief bekommt, sind wir längst nicht mehr vor Ort.«

»Hmm, ich weiß nicht« warf Dani ein, «ich kenne den Typen ja nicht. Mach es aber nicht zu heftig – hinterher kommen wir nicht mal über die Grenze, da wir eine Anzeige wegen Bedrohung oder so am Hacken haben.«

»Ach Quatsch!« wiegelte sie ab, »lass mich nur machen! Was ist denn mit dir? Du hast doch auch noch 'nen Hals auf diesen Penner aus Moers?!«

»Ja ... ach, so wichtig nehme ich die Sache nicht. Außerdem, was soll ich dem Hänger denn schreiben?«

»Nee, nee, mache das mal!« hob sie an, »pass auf, hast du die Adresse noch im Kopf? Ich diktiere dir dann schon!«

Dani nahm einen weiteren, tiefen Zug aus seiner Zigarette, schnippte die Asche auf den Boden und blickte gedankenversunken durch Allegra hindurch. Diktieren ... eigentlich nichts gravierend Neues für ihn. Immerhin hatte sie in früheren Zeiten bereits einen Brief in seinem Namen geschrieben, da ihr seine Wortwahl in diesem Kontext als »nicht kraß genug« erschien.

Damals hatte Dani von seinem ehemaligen Chef einen Umschlag erhalten, der ein beidseitig beschriebenes Blatt Papier enthielt. Jene Zeilen richtetet eine Frau an ihn, die, ebenso wie sein Vorgesetzter, Halt und Erfüllung im christlichen Glauben gefunden hatte. Dieses Weib wollte ihn doch allen Ernstes bekehren, ihn quasi wieder auf den rechten Pfad der Erleuchtung führen. »Der Satanismus ist der falsche Weg ...« Dani war darüber sehr verärgert. Was maßten sich irgendwelche Typen an, ihm zu sagen, welche Richtung die beste für ihn sei? Außerdem betrachtete er es als Frechheit, dass ein »Weißlichtgeschwader« ihn zum Mittelpunkt ihrer Schwafelrunde machten.

Nun, die damalige Antwort erfolgte stehenden Fußes – Allegra brachte, nachdem Dani ihr den Sachverhalt erklärt hatte, eine haßerfüllte und einschüchternde Hetzschrift zu Papier, deren einziges erklärtes Ziel es war, von dieser Bande von »Nazarener-Gesocks« für immer in Ruhe gelassen zu werden. Der Brief der jungen Frau wurde teilweise verbrannt und als Draufgabe dem Antwortschreiben beigelegt.

Dani war sich nicht schlüssig, ob er tatsächlich eine längst begrabene Fehde erneut aufleben lassen sollte. Doch was konnte ihm schon passieren? Er suchte in seinem Gedächtnis nach der Postanschrift jenes Individuums, das schon bald einige Nettigkeiten in seinem Briefkasten finden sollte. Bei Namen, Straße und Stadt hatte er keine Schwierigkeiten, doch auf die Postleitzahl kam er einfach nicht.

Beinahe froh darüber, daß Allegras Vorhaben, seinen zum Intimfeind gewordenen Ex-Kameraden mit wirren Boshaftigkeiten zu gedenken, zu scheitern drohte sagte er: »Aach ..., ich bekomme die Postleitzahl einfach nicht mehr auf die Reihe. Wir lassen es einfach, ok?«

Allegra, die von einem Schreibblock gerade mehrere beschriebene Blätter abriß (einige Seiten waren anscheinend schon vor Stunden geschrieben worden), nahm einen der Umschläge, begann ihn zu füllen und entgegnete: »Ruf doch die Auskunft an. Kennst du doch: 11 88 0 – Da werden Sie...«

»Geholfen!«, fiel Dani ihr ins Wort. »Ja, ich weiß!«, gab er leicht genervt zurück. Er schlurfte zum Telefon, drückte auf dem Weg dorthin seine Zigarette in einem dem menschlichen Unterkiefer nachempfundenen Aschenbecher aus und erwischte mit dem Stiefelabsatz noch die Ecke einer CD-Hülle, die er in der ebenfalls schummrig beleuchteten Diele nicht gesehen hatte.

Mißmutig griff er zum Hörer, wählte besagte Nummer, benötigte drei Versuche, ehe er durchkam, trug sein Anliegen einer überaus freundlich klingenden Telefonistin vor, erhielt die gewünschte Information, empfahl sich und legte wieder auf. Wortlos stapfte er ins Wohnzimmer zurück, griff sich Allegras Kugelschreiber, der zum Teil in einer Lache von unbestimmter Flüssigkeit lag, und schrieb die fünf Zahlen auf einen Zettel.

»So, und jetzt?« verlangte er zu wissen.

»Hast du alles? Gut, pflanz dich hin und schreib, mir ist schon was eingefallen«, kommandierte sie, worauf er sich zum Stift noch ihren Block schnappte und sich im Schneidersitz auf den Boden setze, das Papier auf dem Schoß und die Augen auf seine Frau gerichtet.

Was sie ihm nun zum Diktat gab, war eine mit Drohungen, Beleidigungen und Verunglimpfungen gespickte Tirade, unmißverständlich in ihren Worten. Obwohl der Platz einer einzigen DIN-A4-Seite genügte, und die Angelegenheit recht zügig unter Dach und Fach war, hielt Dani mehrfach mit dem Schreiben inne, warf ein »Oh, Mann, das knallt!« oder ein »Kraß!« in den Raum und verzog mehr als einmal das Gesicht zu einer grienenden Grimasse, wenn er sich die Reaktion des Adressaten vorstellte.

Als Allegra geendet hatte, empfahl sie: »So, jetzt leg noch ein vernünftiges Pic. hinzu, und fertig ist die Laube!«

»Ja, das überzeugt, harhar«, stimmte er ihr zu, »aber stell dir mal vor, ich fahre nachher aus Versehen irgend jemanden über den Haufen … Da wäre aber schwer was los: Zuerst schreibe ich im Brief was von 'heutiges Opfer', und dann passiert wirklich so was Ähnliches. Hammer! Wie sollte man das den Bullen erklären?«

Allegra lachte kurz, wurde aber sofort wieder ernst. »Du kommst auf Gedanken … Da müßte man schon ein ausgemachter Pechvogel sein. Außerdem ist der Brief doch eh nur als Gag anzusehen.«

Er überlegte kurz. Natürlich war es ein Gag, wenn auch ein reichlich derber. Trotzdem war er sich sicher, daß der Empfänger dieses Werkes mit seinem Inhalt umzugehen wußte.

Dani erhob sich, legte den Block auf die Couch und lief ins Schlafzimmer, auf dessen Fensterbank, verborgen unter einem 'Bathory'-Longsleeve, eine Fotomappe lag.

Die darin enthaltenen Lichtbilder waren das Ergebnis sinnlosen Herumalberns. Vor etwa einer Woche entschied man sich, den Film, der schon vor langer Zeit in der Kamera sein Zuhause gefunden hatte, nun endgültig zu verschießen.

Heraus kamen Bilder, die unter Alkoholeinfluß wahrlich zum Lachen oder Staunen animierten, doch nüchtern betrachtet einfach nur peinlich waren. Dennoch: in Verbindung mit einem offensichtlich von einer gestörten Person geschriebenen Brief kam das Bild eines Freaks, der mit Kunstblut besudelt, mit irrem Blick, und zwei Pistolen in den Händen an einer Kette hing, richtig gut!

Dani brauchte einige Minuten. Er konnte sich nicht recht entscheiden, auf welcher dieser Juxfotographien er den wirresten Eindruck vermittelte, wurde dann aber doch noch fündig.

Abschließend ritzte er sich den mittleren rechten Finger auf, drückte einen Blutstropfen hervor und schmierte ein wenig des roten Lebenssaftes auf den unteren Rand des Briefes, um ihm eine 'persönliche Note' zu geben.

»Hast du Briefmarken hier?« fragte er , doch Allegra war ins Bad gegangen, um sich stadtfein zu machen. Dani steckte den Umschlag in seine Gesäßtasche. Es war schließlich kein Problem, unterwegs einige Marken zu organisieren.

Die Marduk-CD verströmte gerade ihre letzten Klänge, als Allegra die Toilettentür öffnete, in ein schwarzes, äußerst hoch geschlitztes Kleid gewandet, und sofort Richtung Wohnzimmer abbog. Dort raffte sie diverse Dinge wie die drei Briefumschläge, Feuerzeug und Zigarettenschachtel zusammen, lief in die Diele und warf einen letzten abschätzenden Blick in den Spiegel.

»Können wir?« rief sie, »ich wäre dann soweit!«

Dani kam in Bewegung. Er beugte sich vor, um den CD-Player auszuschalten, brachte das Fenster in eine Kippstellung und ging auf sie zu.

»Jau – wir können los«, raunte er, griff in die linke vordere Tasche seiner schwarzen Jeans und zog den Autoschlüssel hervor, an dem mit einem Ring eine Vielzahl von kleinen Anhängern befestigt war.

Als er die Tür zum Hausflur öffnete, schlug ihm der vertraute Mief entgegen, den er schon beim Hereinkommen bemerkt hatte. Unwillkürlich drängte ihn ein Reflex, die Luft anzuhalten, zumindest so lange, bis er wieder im Freien war. Er lief die ersten fünf Stufen hinab, blieb dann jedoch stehen, um auf seine Frau zu warten, die noch damit beschäftigt war, die Tür abzuschließen.

In früheren Tagen hatte sich Dani des öfteren darüber lustig gemacht, wenn sie zusätzlich zum normalen Schnappschloss noch einen Riegel vorschob, da er wußte, daß dieses Span- und Preßholzgebilde, das sich Tür schimpfte, durch einen einzigen Fußtritt bezwungen werden würde.

Nachdem diese 'Safety first'-Maßnahme beendet war, stiegen sie die vielen Treppenstufen zum Erdgeschoß hinab. Dani griff nach der Türklinke der Eingangspforte, öffnete und trat in einen zwar immer noch recht warmen, jedoch angenehmen frühen Juliabend hinaus. Die Sonne hatte ihr Pulver bereits verschossen, und zeitweise erfrischte eine leichte Brise die Haut. Zügig marschierten beide zu Danis Wagen und überquerten die kaum mehr befahrene Straße.

Die Luft im Inneren des Fahrzeugs schien geradezu darauf gelauert zu haben, daß jemand die Türen öffnete. Im selben Moment nämlich quoll ein heißer Atem aus der Fahrgastzelle, drang in die Lungen und verursachte einen leichten Brechreiz. Schnell kurbelte Dani die hinteren Seitenscheiben herunter, die sich zwar nur bis zur Hälfte versenken ließen, aber beim Fahren für eine wirkungsvolle und relativ zugfreie Luftzirkulation sorgten.

Allegra schnaufte: »Mann, wenn das morgen genauso heiß wird, dann gute Nacht!«

Dani grinste: »Na klar! Ich habe doch sowieso vorgeschlagen, besser erst in den Abendstunden loszufahren. Zum einen der Hitze wegen, zum anderen wegen des geringeren Staurisikos.«

»Hör' doch auf!« knurrte sie, »du hast doch nur Schiß, daß die Sonneneinstrahlung deine CD-Sammlung ruiniert!«

Sie knuffte ihn in die Seite und legte den Anschnallgurt um, während er den Motor startete. Dani rangierte den Vectra aus der Parklücke, ließ den Wählhebel des Automatikgetriebes auf Position ‚D' einrasten und beschleunigte trotz der ‚Tempo-30-Zone' auf knapp 70 Stundenkilometer, da er sich um Geschwindigkeitsbegrenzungen längst nicht mehr scherte, jetzt, da er Deutschland den Rücken kehrte.

Er streckte die rechte Hand aus und tastete mit dem Zeigefinger blind nach dem 'ON'- Knopf seines Kenwood- Radios. Vor zwei Wochen erst hatte er die HiFi-Anlage des Wagens um 800 Watt aufgerüstet. Insgesamt tummelten sich nun rund 1000 dieser physikalischen Leistungseinheiten auf sechs Lautsprecher sowie eine gigantische Baßbox verteilt im Innenraum des Wagens.

Brachial donnerte beiden nun das 'Damned in black'-Album von Immortal um die Ohren. Generell sorgte Musik dieser Richtung regelmäßig für entsetzte Gesichter bei Passanten oder anderen Verkehrsteilnehmern, wenn er sie in 'vernünftiger', sprich ohrenbetäubender Lautstärke abspielte. Für Dani war diese extreme Art des Metal auch ein Stück weit Repräsentant eines gewissen Lebensgefühls. Außerdem, so sagte er sich, werde man ohnehin schon via Radio, TV und penetranter Werbung an nahezu jedem Ort von Mainstream-Müll und sogenannten Popstars zugeschüttet, da erschien es ihm nur legitim, auch und vor allem die Fahne des Black Metals hochzuhalten, um sonnenbankgeschädigten Discobesuchern klarzumachen, daß es eine Welt jenseits der BRAVO-Hits gab.

Während Dani den Weg zur Autobahn verfolgte, öffnete Allegra das Handschuhfach und fing mit schnellem Reflex eine Landkarte sowie seine Geldbörse auf, die ihr, ausgelöst durch die sporadisch auftretenden Beschleunigungskräfte, entgegenfielen. »Hey, genau, was ich wollte!« stieß sie hervor, klappte das Portemonnaie auseinander und fischte vier Einhundertmarkscheine aus dem schwarzen Leder.

Plötzlich beugte sich ihr Oberkörper ruckartig nach vorne. Dani war hart auf die Bremse getreten, da kurz zuvor eine große Taube auf Kollisionskurs einen Kamikazeangriff geflogen war, jedoch im letzten Moment beigedreht hatte. Allegra blickte erschrocken durch die Windschutzscheibe.

»Huch!«, entfuhr es ihr, »was ist denn?«

»Irgendeine wirre Taube flog mir genau vor die Karre«, erklärte Dani. »Besser einmal bremsen, als 'nen Kadaver und 'ne Beule, nicht wahr?«

»Jau, ich dachte nur, es wäre was passiert«, meinte sie.

Als er die letzten hundert Meter, die sie von der Autobahnauffahrt trennten, zurücklegte, die Sonnenblende hochklappte und nach seinen Zigaretten griff, die in der Mittelkonsole lagen, stopfte Allegra die vierhundert Mark in einen der Briefumschläge, die sie in die Ablage über dem Handschuhfach geworfen hatte.

Die A 44 war an diesem frühen Abend noch stark befahren. Dennoch, der Verkehr floß zügig, und Dani konnte sich nach kurzer Zeit auf die Überholspur einfädeln. Da sich der Fahrtwind zum Orkan gesteigert hatte, fasste Dani mit der linken Hand nach hinten, suchte die Kurbel des Fensters und benötigte etwas Zeit, die Scheibe zu schließen, da er in dieser Haltung nicht viel Kraft im Arm hatte. Allegra entgingen seine Verrenkungen nicht. »Gute Idee!« sagte sie und machte sich daran, das hintere Fenster auf ihrer Seite ebenfalls zu schließen.

Nach einigen Minuten reduzierte Dani die Lautstärke seines Radios und stellte erneut die Frage, auf die er in ihrer Wohnung keine Antwort erhalten hatte.

»Hast du Briefmarken dabei?« wollte er wissen. Plötzlich fiel ihm ein, daß er ja auf dem Brief saß, den Allegra ihm diktiert hatte. Vorsichtig zog er ihn aus der hinteren Hosentasche und kam zu dem Ergebnis, daß der Umschlag trotz einiger Falten und Knicke noch zum Versand taugte.

»Nee«, antwortete sie, »wir müssen in Herten welche organisieren. Weißt du, ob es dort irgendwo 'ne Post gibt?«

Er sah sie halb entgeistert, halb amüsiert an. »Ob ich weiß, ob's in Herten ein Postamt gibt!? Was glaubst du, wo ich die letzten 25 Jahre meines Lebens verbracht habe? Herten kenne ich in- und auswendig!«

»'tschuldigung«, moserte sie zurück, »kann ich nicht auch mal was vergessen? Schließlich habe ich zur Zeit Wichtigeres im Kopf!«

Dani erwiderte nichts. Er setzte den Blinker rechts, und mit tickendem Relais zog er, ohne das Tempo zu drosseln, von der Überholspur in jene Gasse, die ihn auf die A 43 Richtung Münster bringen würde.

Diese Straßen, die Autobahnen des Ruhrgebietes, zählte er beinahe sämtlich zu seinen Hausstrecken. Asphaltierte Wege, deren Verlauf ihm auch im Schlaf vertraut war und die keinerlei Überraschungen, sei es in Form oder Beschaffenheit, mehr parat hatten. Er fühlte sein Herz mit einem Male schwerer werden. Wie oft hatte er über Staus, endlos lange Baustellen, Schlaglöcher und sonstige Widrigkeiten geschimpft, doch jetzt, wo er dies alles zurücklassen sollte, und all das Vertraute, das Wohlbekannte nun mehr Teil seiner Erinnerung sein würde, erkannte er, daß das endgültige Abschiednehmen doch voller Tücken war und auch einem hartgesottenen Menschen, für den er sich zweifelsfrei hielt, an die Nieren gehen konnte.

Während die ‚Random-Play'-Option des Radios selbständig die CD wechselte und nun „Eric, may you rape the angels» von Kanwulf erklang, sah er zu Allegra hinüber, die erstaunlich ruhig und schon fast zusammengesunken auf ihrem Sitz kauerte und starren Blickes auf die vorbeifliegende, spärliche Autobahnbegrünung stierte.

»Alles in Ordnung?«, sprach er sie an und bemühte sich, seiner Stimme einen besonders einfühlsamen Klang zu geben.

»Hm, ja!« krächzte sie, formte den Rücken zu einem Buckel, warf Arme und Hände nach vorn und streckte sich. »Hatte nur gerade ein kleines Tief. Und nachzudenken hatte ich auch noch. Wenn wir nachher mit Frankie auf Angel warten, gehst du mal kurz ins Schlafzimmer. Ich sagte dir vorhin ja schon, daß ich vorhabe, ihm 'nen wirklich krassen Anstrich zu verpassen. Hihi, ist wahrscheinlich der erste und letzte amtliche Look in seinem Leben«, verfiel sie in ein Kichern, und fischte sich eine Zigarette aus der Schachtel in der Türablage, steckte sie an, gab sie Dani und entflammte eine weitere für sich selbst.

Dani nahm einen tiefen Zug, klappte den Deckel des Aschenbechers zurück und öffnete gleichzeitig sein Fenster, während er den Wagen mit den Knien lenkte.

»Warum soll ich denn rausgehen?!« sprach er seinen Gedanken laut aus. Er war ja einigermaßen abstruse Ideen seiner Frau gewohnt, und nicht immer erkannte er einen Sinn in ihren Handlungen. Doch diese Bitte, den Raum auf ihren Wink hin zu verlassen ...

»Boah!«, fuhr sie ihn an, »du stehst mal wieder auf 50 Meter Kabel! Paß auf: Du hast mir doch erzählt, du hättest Frankie versprochen, er würde heute abend frauenmäßig auf seine Kosten kommen. Außerdem weißt du, wie oft er mich schon mit seinen Blicken ausgezogen hat, wenn wir gemeinsam auf Tour waren. Wenn du also rausgehst, werde ich ihn ein wenig heißmachen, so nach dem Motto: Wäre ich nicht mit Dani verheiratet, würde ich's mit dir treiben wollen!«

Dani grübelte. Frankie war kein Idiot und würde sicherlich bemerken, daß eine solche Aktion nicht ernst gemeint war.

»Meinst du nicht, daß das Ganze ein bißchen zu sehr nach abgekartetem Spiel riecht?« warf er ein. »Ich habe keine Lust, mir mit so einem Mist die Freundschaft mit ihm zu verscherzen. Ich meine, wenn ich in eine solche Situation kommen würde, ich wäre verdammt angepißt und würde mit Sicherheit auf Anhieb Lunte riechen.«

»Ach, was du immer hast«, wiegelte Allegra ab, »ich mache das schon. Sieh du lieber zu, daß du diesen schrottigen Lkw überholst, hinter dem wir schon seit einer halben Ewigkeit herfahren!« Sprach's und nahm einen tiefen Zug ihrer Zigarette.

Na schön, sagte Dani sich, spiele ich halt mit. Frankie wird's bestimmt nicht krumm nehmen, selbst wenn er es merkt, daß Allegras Interesse an ihm nur Show ist. Er drückte seinen Glimmstengel nach einem letzten Zug im Ascher aus und legte beide Hände ans Steuer, da er gerade in eine kilometerlange Baustelle hineinfuhr, deren Fahrspuren nur zwei Meter breit waren.

Regelmäßig machte er sich einen Spaß daraus, in engen Baustellen die linke Spur zu befahren und dicht zum Vordermann aufzuschließen, um mit Lichthupeneinsatz zu drängeln. Er war der Ansicht, daß mindestens jeder dritte Autofahrer dem Straßenverkehr lieber fernbleiben sollte, denn wenn man sich scheut, trotz einer freien Überholspur im Baustellenbereich an einem 40-Tonner vorbeizufahren, obwohl beide Außenspiegel noch zehn Zentimeter Luft haben, wäre es ratsam, seinen Führerschein freiwillig abzugeben, schon allein, um seine Nerven zu schonen.

Es war kurz vor 18.00 Uhr. Lange würde es nicht mehr dauern, bis eines jener großen, blau-weißen Hinweisschilder am Horizont erschien, das auf die Abfahrt Recklinghausen/Herten hinwies. Dani trat auf das Gas. Erst jetzt fiel ihm auf, wie viele Fliegen und Insekten, deren widerliche Reste die gesamte Fläche der Windschutzscheibe bedeckten, durch Autos ihr Leben ließen. Wäre doch beim nächsten Umweltgipfel ein prima Argument, um den Öko-Fräcken ein wenig den Wind aus den Segeln zu nehmen, da ohne Autos die nächste Ungezieferplage schon vorprogrammiert wäre. Er grinste bei diesem Gedanken.

Das schrille Klingeln seines Handys holte ihn in die Realität zurück. Frankie! Dani drosselte das Tempo auf knapp 100 Stundenkilometer, um die Fahrgeräusche zu reduzieren, betätigte die Mute-Taste des Radiopaneels und nahm den Anruf entgegen.

»Wer stört«, polterte er, obwohl er schon im Display den Namen des Anrufers erfahren hatte. Tatsächlich war es Frankie, der ihm mitteilte, daß er eine halbe Stunde später am Parkhaus sein würde. Wegen der Hitze mußte er dringend noch duschen, bevor er sich auf den Weg machen könnte. Dani kam dieser Zeitverzug sehr gelegen. Er hätte schon fliegen müssen, um rechtzeitig um 18.00 Uhr am verabredeten Ort sein zu können, und da noch Briefmarken zu besorgen waren, kam ihm ein zusätzliches Minutenpolster äußerst gelegen.

»Wer war's denn?« drängte Allegra und nahm das Handy in die Hand, das Dani wieder in die Halterung hinter der Handbremse gesteckt hatte.

»Verstell mir daran bloß nichts!«, meckerte er, als er sah, wie sie wahllos auf den Tasten herumtippte. »Frankie war's. Kommt 'ne halbe Stunde später. Muß noch mal unter die Dusche.»

»Aha ...«, kommentierte sie und steckte ein Kaugummi in den Mund, nachdem sie das Handy zurückgelegt hatte.

Kurze Zeit später verließen sie die Autobahn. Der erste Ampelstopp wurde von Dani dazu genutzt, erneut beide hinteren Fenster herunterzudrehen. Als sie über die Kaiserstraße tiefer in das Stadtzentrum vordrangen und einige wenige Geschäfte auftauchten, schrie Allegra auf: »Ah, ist hier irgendwo ein Schreibwarenladen? Ich brauche noch Tesafilm!«

»Tesafilm?« fragte Dani, »ich habe noch Panzerband im Kofferraum ... Was hast du denn vor?«

»Jau«, gab sie zurück, »ich klebe die Marken mit schwarzem Panzerband auf ... Du kommst auf Klöpse!«

»Ach so«, pflichtete er ihr bei, » ja, ich stehe auch nicht so darauf, an Papier rumzulutschen – der Geschmack ist einfach zu fies.«

Er steuerte den Vectra in einen Ortsteil namens Herten-Disteln, von dem er wußte, daß es dort ein kleines Geschäft für Bürobedarf gab.

»Brauchst du sonst noch etwas, wenn wir schon mal hier sind?«

»Hmm, ja, Briefmarken, ne?« nölte sie, scheinbar wieder in Gedanken.

»Holen wir bei der Post. Kann zwar sein, daß die jetzt schon zu ist, aber dort hängen auch Automaten, an denen man sich Marken ziehen kann. Ich hoffe bloß, daß die Dinger auch funktionieren.« Er lenkte den Wagen in die Ausbuchtung einer Bushaltestelle. »Bleib du hier, ich springe kurz rein und hol das Band«, beschloß er, stellte den Motor ab und stieg aus.

Im Geschäft war es angenehm kühl. Außer ihm befanden sich noch ein älteres Ehepaar sowie ein kleiner Junge im Verkaufsbereich, und befassten sich mit einer Vielzahl von Gruß- und Geburtstagskarten. Dani wandte sich nach links, wo in etwa acht Metern Entfernung ein gläserner Verkaufstresen stand. Eine grauhaarige, gepflegt wirkende Dame fortgeschrittenen Alters musterte ihn skeptisch, besann sich jedoch kurz darauf auf ihr professionelles Verkäufergesicht und wünschte knapp einen guten Abend.

»'n Abend«, erwiderte Dani, »Tesafilm?«

»Zu Ihrer Rechten, Sie sind gerade daran vorbeigelaufen!«

Er drehte den Kopf und erfasste sofort mit den Augen eine Anzahl gelblich schimmernder Rollen. Dani griff ins Regal, zog eine einzelne heraus, beglich den geforderten Preis mit einem Zweimarkstück, das er noch in der Hosentasche hatte, strich das Wechselgeld ein und stiefelte nach einer Kehrtwende dem Ausgang entgegen.

Als er auf den Bürgersteig trat, bog gerade ein Linienbus der VRR (Verkehrsbetriebe Rhein/Ruhr) um die Ecke, so daß er sich sputete, seinen Wagen zu erreichen, um vor diesem Ungetüm wieder auf der Straße zu sein, dessen Stellplatz er versperrte. Als er in einer Blitzaktion einstieg, den Motor anwarf und mit quietschend protestierenden Reifen aus der Haltebucht schoß, sah Allegra ihn verdutzt an und fragte:

»Was ist denn? Hast du was geklaut, oder warum stürmst du so herein und fährst los wie ein Irrer?«

»Klar, hab gerade die Kasse ausgeräumt, die Oma mit dem Tesafilm gefesselt und mußte noch 'nem Opa entwischen, der mich mit dem Krückstock verdreschen wollte«, nahm er sie auf den Arm. »Nee, wollte nur nicht dem Bus ins Gehege kommen, daher die Eile.« Nach einem kurzen Blick auf die Uhr fügte er hinzu: »Die halbe Stunde hat uns wirklich gutgetan. In 15 Minuten ist Frankie am Parkhaus, und ich fahre jetzt auf direktem Weg dorthin, bzw. erst zur Post, aber die liegt genau gegenüber.«

Allmählich war er doch etwas genervt. Hektik in den Abendstunden, die Hitze, ständiges Umdisponieren – das war nichts für ihn. Beileibe hatte er nichts gegen spontane Unternehmungen, doch an diesem Tag, noch dazu in Verbindung mit einer bevorstehenden langen Nacht, artete das Ganze langsam in Streß aus. Vor seinem geistigen Auge sah er sich bereits die eine oder andere Tablette Aspirin aus der Schachtel holen, denn Stress verband er immer mit starken Kopfschmerzen.

Wie im Traum fuhr er durch die vertrauten Straßen, sah Zechenhäuser, schmucke Eigenheime mit gepflegt wirkenden Vorgärten, vor Garagen parkende Pkw und in den letzten Strahlen der untergehenden Sonne spielende Kinder, die die ihnen verbleibenden Minuten im Freien auszunutzen schienen, ehe die Mutter sie zum Abendbrot rufen würde.

Nach kurzer Fahrt, die in völligem Schweigen verlief, erschien rechter Hand das Hertener Rathaus, ein trostloser Zweckbau, der an den Schloßpark grenzte. Direkt gegenüber hatte man einst das städtische Hallenbad aus der Erde gestampft, in dem sich jedoch längst keine Badegäste mehr vergnügten, sondern nur noch ab und an Ausstellungen stattfanden.

Dani bog in die kurze Sackgasse ein, die direkt vor dem Parkhaus endete und deren einziger Sinn es war, daß man von der Hauptverkehrsstraße zügig abbiegen und ohne Behinderungen anderer Verkehrsteilnehmer dort parken konnte, wenn man dort oder im benachbarten Postamt etwas zu erledigen hatte. Der Vectra kam direkt neben einem verdreckten Fontänenbrunnen zum stehen, der jetzt mehr als Laubauffangbehälter diente, da das Wasser aufgrund von Sparmaßnahmen längst nicht mehr floß.

Als der Motor verstummte, blickte Dani hinüber zu Allegra, grinste zaghaft und sprach:

»Du kannst mich jetzt schlagen ...«

»Warum denn?« fragte sie.

»Wir hätten die Briefe schon in Witten in den Postkasten werfen können. Mir ist erst jetzt, wo ich das Postamt sehe, eingefallen, daß ich noch Briefmarken im Handschuhfach habe. Damals, als ich tonnenweise Briefe auf die Kontaktanzeige erhielt, habe ich mir einiges an Marken zugelegt, doch nie gebraucht«, erklärte er. »Die Dinger müßten noch da sein.«

Er beugte sich vor, entriegelte die Klappe des Handschuhfachs und fing an zu suchen. Als er etlichen Krimskrams zutage gefördert und das Zeug vorübergehend auf ihrem Schoß deponiert hatte, fand er schließlich das bedruckte und gummierte Papier, an das er so lange nicht mehr gedacht hatte.

»Ist doch cool!« meldete sich Allegra, »ich habe eh kaum Kleingeld. Wieder eine Sorge weniger!«

»Kein Kleingeld?« fragte Dani verwundert, während er damit beschäftigt war, das Handschuhfach wieder so zu füllen, daß es sich schließen ließ, klappte dann den Deckel zu und meckerte:

»Wenn du genau wußtest, daß du kein Kleingeld hast – warum sagst du's mir nicht vorher? Bestimmt hätte ich dann wieder wie ein Doofmann zum Kiosk gurken können, um klingende Münzen aufzutreiben?! Nicht wahr? Gib's zu!«

»Hmm, naja ...«, piepte sie mit hoher, auf unschuldig getrimmter Stimme, »vielleicht ...« Dani kniff ihr leicht in den Schenkel. Er liebte diese Frau einfach viel zu sehr, als das er sich ernsthaft über etwas, das sie betraf, aufregen konnte.

»Okay«, grinste er, »dann klebst du jetzt zur Strafe aber auch die Marken auf!«

»Hätt' ich sowieso getan!« gab sie ihm zurück, »und außerdem, was heißt hier Strafe? Und wieso kneifst du mich? Die jungen Kerle werden echt immer unverschämter!«

Anfangs noch ernsten Blickes, konnte sie diese gespielte Entrüstung nicht lange aufrechterhalten, und mußte ebenfalls lächeln. Dann wollte sie die vor wenigen Minuten erstandene Tesafilmrolle haben. Nachdem sie jeden Brief ausreichend frankiert hatte, wobei sie alle Marken verbrauchte, da sie auf den, wie Dani vermutete, »Rumänienumschlag« gut und gerne sechs Stück klebte, warf sie die Tesarolle auf die Rücksitzbank und stieg aus.

Die wenigen Meter Fußweg zum Postkasten nutzte Dani, um den Wagen im Wendehammer zu drehen. Als er abfahrbereit neben ihr zum Halten kam, fiel sein Blick amüsiert auf einen älteren Herrn, der lüstern aus den Augenwinkeln, auf Allegras Beine starrte, die der hochgeschlitzte schwarze Rock preisgab, als sie sich bückte, um die Zeiten zu erfahren, wann denn der Kasten geleert werden würde.

»Der alte Sack hat's nötig!« sprach Dani kopfschüttelnd und grinsend einen Gedanken laut aus. Dennoch mußte er dem Spanner recht geben. Es sah wirklich zu verführerisch aus. Da man ihre Beine teilweise erkennen konnte, ihr Po jedoch unter dem Stoff verborgen lag, beflügelte dieser Anblick regelrecht die Phantasie und stimulierte den Unterleib ...

Noch bevor sie den Griff der Autotür erreichte, öffnete Dani sie und schwang die Tür ein Stück weit auf. Allegra ließ sich ins Polster gleiten und zog kurz den Rock zurecht, während er sie fragte:

»Hast du den Opa gesehen, wie extrem der dich angestarrt hat?«

»Sicher«, nickte sie, »ich war schon versucht, ihm ‚100 Mark' zuzurufen, hihi. Das Gesicht hätte ich ja gerne gesehen!«

Dani fuhr an. Bis zum Treffpunkt, den er mit Frankie verabredet hatte, war es nur ein Katzensprung. Theoretisch hätten beide auch zu Fuß durch das Parkhaus hindurch auf die andere Seite gehen können, doch wenn Frankie noch nicht da war, würde man sinnlos in der Gegend herumstehen, und die nahegelegene öffentliche Toilette war' nicht gerade ein angenehmer Ort, um seine Wartezeit zu verbringen.

Als der Vectra nach zwei Rechtskurven die vordere Seite des Parkhauses erreichte, ließ Dani seine Augen ständig von rechts nach links wandern, auf der Suche nach Frankies weißem Kadett, den er fast immer, wenn er hier verabredet war, auf einem Parkstreifen auf der anderen Straßenseite abstellte. Nichts zu sehen ...

Die Uhr zeigte kurz nach halb sieben. Dani steuerte seinen Wagen mit dem Heck zuerst in einen privaten Abstellplatz, was zwar nicht erlaubt war, von dem aus man aber die komplette Straße überblicken konnte. Allegra kurbelte ihr Fenster ganz nach unten und drehte die Lehne ihres Sitzes ein Stück weit zurück. Sie brachte sich in eine bequeme Position und legte die an den Fußfesseln gekreuzten Beine auf den rechten Außenspiegel.

Ein roter BMW E30, in dem drei junge Südländer saßen, rollte zu diesem Zeitpunkt die Straße hinab. Das einzige, was diese Leute plötzlich in den Bann zog, waren ein Paar schwarze High Heels, in denen ansehnliche Füße steckten, die auf einem grauen Autospiegel ruhten. Dieser optische Anreiz reichte ihnen aus, um wild zu pfeifen und einige Anzüglichkeiten herüberzurufen.

Dani seufzte. Der Kopfschmerz hatte ihn mittlerweile fest in der Zange. Nun stand er hier, und wartete. Der Abendwind trug zeitweise Fetzen des ekelerregenden Gestanks von der nahen Toilette heran, und zusätzlich mußte er noch das pubertäre Verhalten einiger jugendlicher Ausländer mitansehen. Allegra schien das alles nicht großartig zu stören. Scheinbar dösend, die Arme vor ihrer Brust verschränkt, wirkte sie rundum zufrieden.

Gerade als er zum Handy griff, um Frankie anzupiepsen, sah er seinen Casablanca-weißen Opel um die Ecke biegen. Dani startete den Motor. Er ließ sich mit dem Losfahren noch etwas Zeit, da er Frankie bei der Parkplatzsuche nicht in die Quere kommen wollte. Als er ihn kurz darauf fündig werden sah, rollte er im Schrittempo auf seinen Freund zu.

Frankie, diesmal komplett in Schwarz gekleidet, hatte seine Haare zurückgegelt und stieg mit einer Plastiktüte in der Hand aus seinem schon etwas klapprigen Auto. Dani stoppte genau auf Frankies Höhe, rief ihm ein »Shalömchen!« entgegen und vernahm anstelle einer Antwort dessen drekkiges Lachen.

»Meine Fresse, war das ein verdammt heißer mieser Tag!« stieß er hervor. »Wo soll ich sitzen? Hinten? Okay!« Er öffnete die hintere rechte Tür, warf sachte seine Tüte in den Fond und quetschte sich hinter den Beifahrersitz.

»Hey Allegra, grüß dich!« wandte er sich an sie, »kannst du die Lehne etwas höher stellen?«

»Für dich doch immer«, erwiderte sie, blickte über ihre linke Schulter und zwinkerte ihm zu. »Hätte ich sowieso gleich gemacht.« Sie zog die noch immer auf dem Außenspiegel ruhenden Beine ein und machte sich an der Rückenlehne zu schaffen.

»Jaha«, lachte Frankie im Scherz, »*das* muß wirklich Liebe sein!«

»Hm? Wie kommst du denn jetzt darauf?!« hakte Dani irritiert nach.

»Naja«, gab Frankie zu verstehen, »wer außer Allegra dürfte die Beine auf den Spiegel legen, ohne zu riskieren, daß du ihm die Ohren abreißt, harhar?«

»Och, naja, die eine schwarzhaarige Perle, die früher so oft in den Laden ...«

»Hey!!« wurde er von Allegra unterbrochen. »Ich geb' dir gleich schwarzhaarige Perle! Warte ab, nachher setzt' s was, Freundchen!«

Mit einem verschwörerischem Lächeln wandte Dani sich zu Frankie um: »Hast du einen Musikwunsch?«

»Nee, ach mach' irgendwas Vernünftiges an.«

»Ich habe nur vernünftiges Zeug, harhar, weißt du doch!«

Dani schaltete das Radio ein und entschied sich für eine Musical.CD namens »Tanz der Vampire«. Frankie, in Erwartung eines scheppernden Metal-Gewitters, zog einen Flunsch. Erst als Dani anfuhr und auf die Autobahn zusteuerte, moserte er: »Hömma, das hast du doch jetzt extra angemacht, um mich zu ärgern, stimmt's ? Seit wann hörst du denn so romantischen Kram?«

»Hm«, überlegte Dani, »du weißt doch, daß ich unter anderem auf den gleichnamigen Polanski-Film stehe, und ... ähm, außerdem ist das ihre CD!« er deutete mit dem rechten Daumen auf Allegra.

»Huch, Entschuldigung!«, spielte Frankie den Furchtsamen, »wenn ich das geahnt hätte ...«

Allegra kümmerte sich nicht mehr um dieses Gespräch, das, wie sie richtig vermutete, ohnehin auf scherzhafter Basis geführt wurde. Sie kramte statt dessen zwei Zigaretten aus einer der Schachteln, die fast in jeder Ablage des Fahrzeugs zu finden waren, und zündete sie an, wobei sie eine direkt an Dani weiterreichte. Frankie ließ sie dabei außer acht, da sie wußte, daß er Nichtraucher war.

Sie kamen jetzt gut voran. Der Verkehr hatte sich stark gelichtet. Die Uhr rückte auf sieben vor. Als sie auf die A 43 auffuhren, waren zwar noch hier und da einige LKW unterwegs, doch die linke Spur war über weite Strecken frei. Dani fühlte sich schon wieder besser. Der Kopfschmerz, der noch in seinem Hinterkopf wütete, ebbte langsam ab. Er zog an seiner Zigarette und sah kurz in den Rückspiegel. Frankie kramte in der mitgebrachten Tüte, während seine Haare trotz Gelgewalt einen Veitstanz aufführten, da die Windverwirbelung im Fond wirklich massiv war.

»Warum machst du nicht die Fenster hoch?« fragte er, nachdem er das Radio leiser gestellt hatte. »Kriegst du überhaupt noch Luft bei den Orkanböen, die dir ins Gesicht blasen?«

Frankie erklärte, daß ihn das »laue Lüftchen« nicht störe, und zog die Situation sofort wieder ins Lächerliche, als er verriet, daß sein Hemd trotz »tropengetestetem Deodorant« pitschenaß sei. Er hoffte, der Fahrtwind werde es bald wieder taufrisch aussehen lassen.

Da die Musik gerade nur leise lief, ergriff er die Gelegenheit, die neuesten Geschichten und Gerüchte zu erzählen, die auf seiner Arbeitsstelle die Runde machten. Dani rechnete nicht damit, daß nach so wenigen Tagen, die er nun der Arbeit kündigungsbedingt fernblieb, sonderlich gravierende Neuigkeiten zu berichten waren. Dennoch – ein wenig Unterhaltung konnte nicht schaden, zumal Allegra nach der Auffahrt auf die Autobahn erstaunlich schweigsam wurde.

Nachdem sie eine Baustelle hinter sich gelassen hatten, und die Straße hinter der Anschlußstelle der A 40 in ein leichtes Gefälle überging, trat Dani aufs Gas und ließ das Pedal erst wieder lockerer, als sich die Tachonadel bei 180 km/h einpendelte.

»Mann, ras doch nicht so!« mokierte sich Allegra plötzlich recht lautstark über Danis Fahrweise.

»Was? Was ist denn?!« erschrak er leicht, da er annahm, etwas sei nicht in Ordnung oder er hatte vielleicht einen Streifenwagen übersehen, der sich in dieser 120-km/h-Zone hinter ihn geklemmt hatte.

»Warum fährst du denn so schnell?«, setzte sie nach.

Dani wußte anfangs gar nicht, was er darauf sagen sollte.

»Schnell?! Wir fahren 180, sonst hast du dich doch auch nie beschwert, wenn's etwas flotter zur Sache ging.«

Dennoch nahm er den Fuß vom Gas und wartete, bis Luftwiderstand und Motorbremse den Wagen auf knappe 130 km/h verlangsamt hatten.

Frankie hatte durch dieses Manöver den Faden verloren, obgleich Dani ihm via Rückspiegel ansah, daß er bereits einen passenden Spruch auf den Lippen hatte, um Allegra wegen ihres Aufschreis zu foppen. Doch im Moment schien er es für klüger zu halten, sich bedeckt zu halten.

So wird das aber nichts, dachte Dani, da er in Gedanken bei der bevorstehenden Verführung seines Freundes durch seine Frau war.

Sie passierten nun ein Schild, das die A 44 ankündigte, und verließen die 43. Auf der Zubringerspur, die sich in schneckenartigen Kurven wand, warf Dani seine Zigarette aus dem hinteren rechten Fenster, wobei er sich gleichzeitig sorgte, daß eventuell abfallende Glut die Polster der Rücksitzbank versengen könnte.

Nur noch wenige Kilometer trennten das Trio von Witten. Als sich die Abfahrt ‚Witten Zentrum' anhand einer dreistreifigen Bake ankündigte, ging eine merkwürdige Unruhe von Allegra aus. Sie rutschte in ihrem Sitz herum, saß mal kerzengerade, mal eigentümlich lässig, fast gekrümmt.

»Hast du Bauchschmerzen?« fragte Dani besorgt und strich zärtlich mit der Außenseite seines Zeigefingers über ihr linkes Bein.

»Nein, nein«, blockte sie etwas hastig ab, »habe mir nur den Ablauf des heutigen Abends noch einmal vor Augen geführt. Kannst du mal was Schnelleres anmachen?« Sie deutete mit einem Kopfnicken auf das Autoradio, das seit Herten noch immer die Musical-CD abspielte.

»Sicher, kein Problem!« sagte Dani, und auf einen Knopfdruck hin erfüllten markige Florida-Death-Klänge den Innenraum.

»Na also, knallt doch!« meldete Frankie sich zu Wort.

»Ist' s noch weit?«

»Nee, wir sind gleich da«, gab Dani ihm zu verstehen. »Soweit mir bekannt ist«, fuhr er fort und sah einen Augenblick hinüber zu seiner Frau, »holt uns nachher ein Bekannter ab, mit dem wir dann nach Essen heizen.«

Frankie öffnete den Mund, doch bevor er etwas sagen konnte, hob Dani leicht seine Stimme: »Ich weiß schon, was du jetzt sagen willst ... Keine Bange, ich habe nicht vergessen, daß du morgen arbeiten mußt. Wenn ich dir versprochen habe, dich später wieder zu deinem Wagen zu bringen, bzw. bringen zu lassen, dann halte ich mich auch daran.«

»Aha Hellseher, wie?«, spöttelte Frankie. »Hast aber richtig geraten – genau diese Problematik wollte ich gerade ansprechen.«

Der Rest des Satzes ging beinahe in lauten Abrollgeräuschen des Wagens unter, da die Straße, kurz hinter dem Wittener Ortseingangsschild größtenteils aus Kopfsteinpflaster bestand und zudem noch von Straßenbahnschienen durchzogen war. Frankie verstummte und tat es Allegra gleich, die durch die Fensterscheiben hindurch die Umgebung betrachtete, auch wenn es nichts Besonderes zu sehen gab.

Dani wuselte sich durch einen Wald von Ampeln, wechselte mehrfach die Spur, brauste an zwei Tankstellen vorbei und bog schließlich in die »Breite Straße« ein, wobei er sich ans 30 km/h Limit hielt, doch nur aus dem Grund, nicht zu schnell zu sein, wenn plötzlich eine freie Parklücke auftauchen sollte. Etwa 200 Meter vor Allegras Wohnhaus löste sie bereits ihren Sicherheitsgurt, klappte kurz die Sonnenblende herunter, um einen prüfenden Blick in den Kosmetikspiegel zu werfen und schloß das einen kleinen Spalt geöffnete Fenster ihrer Tür. Frankie glotzte aufmerksam auf die sich links und rechts erhebenden Häuserreihen, gab Kommentare wie: »Ah, eine Dönerschmiede!« ab, und stellte fest: »Hier treibt ihr euch also ständig herum...«

»Was heißt hier herumtreiben?«, warf Dani ein, wobei er aber weiterhin die Straße im Auge behielt. »Hier habe ich bisher mein wohlverdientes Feierabendbier getrunken. Meinst du etwa, wir latschen normalerweise wie die Penner durch die Stadt, harhar? Ah, Lücke!«

»Viel zu klein!«, schätzte Frankie.

Doch Dani prahlte: »Man beachte die Einparkkünste! Gas auf, Augen zu, hehe!« Er brachte den Vectra abprupt zum Stehen, legte den Rückwärtsgang ein und ließ den Wagen zentimeterweise in den freien Raum zwischen einem alten VW Käfer und einem Polo Typ 6N rollen.

»Oha...«, schnaufte er, »wirklich verdammt knapp ... Nee das wird nix!« gab er letztendlich auf, »wir suchen weiter!«

»Man beachte die Parkkünste!« echote Allegra, wieder zum Leben erwacht, und fing sich von Dani einen vernichtenden Blick ein.

Schließlich wurden sie 150 Meter vom Hauseingang entfernt doch noch fündig. Sofort nachdem der Motor abgestellt war, stieß Allegra ihre Tür auf und stürmte schnellen Schrittes und ohne auf Frankie und Dani zu warten, Richtung Wohnhaus.

Frankie beschloss: »Ich lasse mein Handy und das Portemonnaie hier hinten liegen. So laufe ich wenigstens nicht Gefahr, die Sachen nachher in eurer Bude oder später in Essen zu vergessen.«

»Ich kann die Klamotten im Handschuhfach einschließen«, bot Dani ihm an.

Frankie, der schon ausgestiegen war und jetzt im Freien stand, zögerte einen Augenblick, ließ dann jedoch die Tür ins Schloß fallen und meinte: »Ach, die paar Kröten, das Handy war auch nicht teuer, die Jacke liegt eh drüber ... Außerdem bei *den* Aufklebern, die du auf der Kiste hast – wer wäre so bekloppt, hier einzubrechen?!«

Dani lachte kurz. »Ja, man tut, was man kann. Okay, lass uns gehen. Allegra ist ja schon vorgegangen. Hätte zwar warten können, aber ... so einer Braut macht man keine Vorschriften ...«

Als sie die Verfolgung aufnahmen stöhnte Frankie plötzlich auf, blieb stehen und sagte: »Uh, jetzt hab' ich die Tüte vergessen – mein Abschiedsgeschenk!«

»Ach so«, wandte Dani sich augenzwinkernd an ihn, »ich dachte schon, du wolltest es wagen, ohne Gold und Weihrauch hier aufzulaufen, harhar.«

Sie gingen die wenigen Schritte zum Wagen zurück, Dani schloß auf, und Frankie griff nach der weißen Tüte. In diesem Moment fiel Dani auf, wie stark die übrigen geparkten Fahrzeuge von Vogelkot verunziert waren, und schon jetzt konnte er sich ausmalen, wie sein Auto aussehen würde, sollte es hier länger als geplant stehen bleiben.

Nun endlich machten sich beide auf den Weg zum Haus mit der Nummer 55. Allegra würde sich gewiß schon fragen, wo sie denn so lange blieben. Und richtig stand sie im Eingang, hielt die Tür mit einem Fuß geöffnet und zog die linke Augenbraue hoch, als wollte sie damit die Frage »Na, wo kommt ihr jetzt her?« mit einer einzigen Geste stellen.

Frankie, dem dieses Gebäude bis dato fremd gewesen war, musterte kurz die rechter Hand angebrachten Briefkästen und sog quasi jeden neugewonnenen Eindruck in sich auf. Zu dritt stiegen sie nun die Stufen hinauf, wobei ein jeder am Klang seines Schuhwerks zu erkennen war. Das harte ‚Klick-Klack' von Allegras Pfennigabsätzen, das zischende Schlurfen von Frankies glatten Sohlen und das dumpfe Wummern von Danis stahlkappenbewehrten Stiefeln.

»Boah«, schnaufte Frankie und blies die Wangen auf, »gibt's hier denn keinen Fahrstuhl?«

»Stell' dich mal nicht so an, du Möff!« reagierte Dani, »die paar Stufen ... Das einzige, was ich dir anbieten könnte wäre: Du gehst wieder nach unten und ich werfe ein Seil aus dem Fenster, mit dem ich dich dann hochhieve, hehe!« Er lächelte und setzte nach: »Nur müsste ich bei deinem Gewicht erst 'nen Flaschenzug montieren, um kräfteschonend arbeiten zu können!«

Bevor Frankie seinerseits eine passende Antwort parat hatte, standen sie bereits vor der Wohnungstür, die Allegra soeben entriegelte. Dani fiel prompt die furchtbare Unordnung ein, die zur Zeit in diesem Gefilde vorherrschte, und beinahe entschuldigend meinte er zu Frankie: »Kümmere dich bloß nicht um das Durcheinander, das du gleich siehst! Am besten folgst du einfach Allegra!«

Die Dame des Hauses stand bereits in der Diele und hing ihren Schlüssel an einen in die Wand geschlagenen Nagel. Frankie trat ebenfalls ein und versuchte, seine Augen an die dunkleren Lichtverhältnisse zu gewöhnen, während Dani die Tür schloß.

»Bitte paß auf, daß du nicht aus Versehen auf eine CD trittst. Die Teile liegen hier nämlich überall auf dem Boden wie du siehst«, bat er, und Frankie gelobte Vorsicht. Bedächtig stakste er durch das Gewirr aus buntem Plastik, bemühte sich, in der Spur von Allegra zu bleiben, die sich bereits im Wohnzimmer aufhielt, und stieg über den Koffer.

»Mann! Wie krass!« stieß er hervor.

Allegra, die derweil den alten Fernseher eingeschaltet hatte, um das auf dem Bildschirm erscheinende Schneegestöber als etwas eigentümliche Beleuchtung zu nutzen, drehte sich zu ihm um und pflichtete ihm, nicht ohne Stolz in der Stimme, bei: »Nicht wahr? Das nenne ich ein kuscheliges Ambiente ... hehe!«

Sie lief vom Fernsehgerät weg und warf sich der Länge nach auf die dunkelrote Couch, von der aus sie Frankie nicht aus den Augen ließ. Dieser machte einige Schritte durch den Raum, berührte die Ketten, prüfte den Holzsarg auf seine Echtheit (»Ist der auch nicht aus Pappe?«), und lehnte seine Tasche, von der er behauptete, sie enthalte ein »ganz besonderes Geschenk«, gegen den gläsernen Tisch.

Dani sah auf die Digitalanzeige der Uhr, die in einem schwarzen Videorecorder eingebaut war, der unter dem Fernseher stand, und sagte eher beiläufig: »Angel müßte auch gleich kommen!« Er griff nach dem einzigen Stuhl, der im Raum stand, stellte ihn an den Couchtisch und bot Frankie an, sich zu setzen.

»Hömma'«, spottete Frankie, »nur *ein* Stuhl?! Das ist aber ein Armutszeugnis ...«

Dani konterte schlagfertig: »Warum? Ist dein Hintern so dick, daß du zwei Sitzflächen benötigst, harhar?« Er ging zu dem Frankie gegenüberstehenden Sarg und ließ sich auf dem Deckel nieder, wobei das dunkle Holz ein leichtes Knarren von sich gab.

Allegra, die mit Hilfe des Rockschlitzes ihre Beine recht aufreizend in Pose gesetzt hatte, »erwachte« plötzlich, sprang auf und ging in die Küche. Als das Klirren von Glas zu hören war, wußte Dani, daß sie sicherlich mit einigen Getränken zurückkehren würde. Und richtig – nur einen Moment später standen durch den Temperaturunterschied leicht beschlagene Alt- und Pilsbierflaschen auf dem Tisch.

Anstatt es sich wieder auf der Couch bequem zu machen, drehte Allegra sich sogleich wieder herum und marschierte ins Schlafzimmer zurück. Dort wühlte sie sich durch etliche der CDs, die neben dem Abspielgerät auf dem Boden lagen, drückte schließlich auf einige Tasten, und Sekunden später durchzogen rockige Mittelalterklänge die ansonsten eher stille Wohnung.

»Hey, nicht so laut«, rief Dani ihr zu, »wir hören sonst die Klingel nicht!«

»Ach was«, wiegelte sie ab, als sie im Wohnzimmer erschien, »so laut ist es doch gar nicht. Außerdem, falls wir tatsächlich Angels Schellen überhören sollten, wird er sicherlich per Handy kurz durchrufen.«

»Wie du meinst ...« beendete Dani diese ihm dümmlich vorkommende Diskussion, da er der Meinung war, daß es einfacher wäre, die Lautstärke einen Deut zurückzudrehen, als darauf zu bauen, daß Angel anrief, sollte ihm nicht geöffnet werden. Er griff nach einem Einwegfeuerzeug, das die Form eines Frauenkörpers hatte, und entkorkte mit dessen unterem Ende die Bierflaschen.

»Auf ein neues Leben!« rief er aus, wartete einen Augenblick, bis Frankie und Allegra ihre Flaschen in den Händen hielten, stieß mit ihnen an und nahm einen tiefen Schluck, was die anderen ihm gleichtaten.

»Uh, saukalt ... !« Frankie verzog das Gesicht und fuhr mit der Zungenspitze über die Schneidezähne. Er stellte das Bier auf die Tischplatte, beugte sich vor und fischte mit zwei Fingern nach der mitgebrachten Tüte.

»So«, verkündete er, als er den Beutel auf seinem Schoß ruhen hatte.

»Kommen wir also zu den Präsenten, hehe. Ist zwar nix Dolles, aber ihr werdet den ironischen Hintergrund sicher sofort verstehen.«

»Augenblick!« rief Allegra und sprang erneut vom Sofa auf. »Warte mal 'ne Sekunde!«

Sie eilte zur Tür, lief hinaus ins Treppenhaus und kehrte nach etwa einer Minute wieder zurück.

Nachdem sie Platz genommen hatte, fragte Dani: »Was war denn?«

»Hmm? Ach nix! Wo waren wir stehengeblieben?« Sie blinzelte in die Runde und machte einen unbeteiligten Gesichtsausdruck.

»Gut, also«, setzte Frankie abermals an, »ich ...«

»Tut mir leid!« wurde er nun schon zum zweiten Mal durch Allegra unterbrochen, »ich muß mal kurz 'nen Anruf machen! Bin gleich wieder da!« Schnell ging sie Richtung Telefon, schloß Wohn- und Schlafzimmertür und ließ einige Minuten auf sich warten. Endlich kam sie, nachdem sie beide Türen geöffnet hatte, wieder zu Frankie und Dani.

»Bleibst du jetzt hier?!« fuhr Dani sie ungeduldig an, »oder wiederholt sich das Spielchen noch einige Male? Ist ein wenig unhöflich Frankie gegenüber, findest du nicht?«

»Scheiße, ja!!« ging sie unversehens in die Luft, »nerv' nicht, hab' alles geregelt!«

Frankie, der etwas verloren auf seinem Stuhl wirkte, fasste sich ein Herz und fing nun zum dritten Mal von vorn an. »Also«, er setzte ein feierliches Gesicht auf, »zuerst wußte ich nicht, was ich überhaupt kaufen sollte ...«

»Ich habe dir gesagt, du sollst nichts mitbringen!«, erinnerte Dani ihn.

»Nee, nee«, beharrte Frankie, »wer weiß, wann ihr wieder da seid, und wann man sich mal wiedersieht ..., Folgendes: Ich habe mir überlegt, auf dieser langen Fahrt muß man auch mal auf die Toilette gehen, harhar, und da dieses Bedürfnis meist im ungünstigsten Moment befriedigt werden will, habe ich euch zwei Rollen extra-flauschiges Klopapier mitgebracht. Al Bundy benutzt kein besseres, hehe!!« Er zog ein Doppelpack Toilettenpapierrollen aus seinem Beutel und stellte sie, da der kleine Glastisch noch immer übervoll war, auf den Teppichboden.

»Du bist echt fertig!« stellte Dani fest, trotzdem amüsierte ihn dieses Schauspiel . Allegra hingegen saß teilnahmslos da und starrte Frankie permanent an.

»Warte, warte«, lachte dieser, »es kommt noch besser: Wenn du also für das ‚Geschäft' in den Busch gehen mußt, wirst du sicherlich nach dem Abwischen das Gefühl von Frische vermissen.

Daher ...«, er zog eine bedruckte Plastikbox heraus, »Hakle Feucht, hehehe! Tja, und für den Fall, daß der Darm nicht so funktioniert, wie er sollte: Imodium akut!«

Während Frankie sprach und mit leuchtenden Augen die angekündigten Dinge aus der Tasche zog, wirkte er auf Dani wie ein Zauberkünstler, der sich freute, wenn ihm ein besonders schwerer Trick ohne Pannen gelang.

»Nun aber das Wichtigste! Gegen Ermüdungserscheinungen: 'ne Flasche Jackie D. Whisky! Wohl bekomm's!« Fast zeitgleich ließ er jenes bernsteinfarbene Gebräu erscheinen, von dem er wußte, daß sein Freund es gerne mochte.

Dani war ein wenig gerührt ob dieser freundschaftlichen Geste.

»Wirklich cool – völlig wirr und krank – aber cool! Hab' Dank! Und ich kann dir schon jetzt versichern, daß wir auf jeden Fall in Kontakt bleiben werden!«

»Nichts zu danken!« entgegnete Frankie, faltete den leeren Plastikbeutel zusammen und deponierte ihn neben seinem Stuhl. »Klar bleiben wir in Kontakt – hab' ja deine Handy-Nummer ... Außerdem muß ich dich ja mit den neuesten Anekdoten aus Datteln und Umgebung auf dem Laufenden halten, harhar.« Er nahm noch einen Schluck Bier. »Nächsten Sommer komme ich dann zu euch runtergefahren, zwecks Urlaub und so. Da kannst du dann bestimmt 'nen Vorzugspreis aushandeln...« Frankie zwinkerte ihm mit einem Auge zu.

»Ja, ich denke, das wird gewiß möglich sein«, pflichtete Dani ihm bei und fuhr, mit Blick auf seine Frau fort: »Auch wenn ich bis heute noch nicht weiß, was genau mich im Land von Dracula erwartet.«

Wortlos erhob Allegra sich. Seltsamerweise lief sie erneut ins Treppenhaus. Auf Frankies fragenden Gesichtsausdruck konnte Dani nur mit einem Schulterzucken reagieren.

Nach einigen Minuten kehrte sie in die Wohnung zurück. Von der Diele aus schloß sie abermals alle Türen, machte dem Anschein nach einen weiteren Anruf, und kam dann in den Wohnraum zurück. Dort setzte sie sich jedoch nicht hin, sondern bat Dani: »Gehst du mal ins Schlafzimmer? Ich hole dich, wenn du zurückkommen darfst.«

Dani stand auf, wobei das Holz des Sarges, nun bar jeder Belastung, aufatmend knarrte, und sah Frankie kurz in die Augen. Er zog eine Braue hoch und ließ ein »bis gleich« hören.

Sein Weg führte an Allegra vorbei ins Schlafzimmer. Hinter ihm verschloß sie die Tür und wandte sich dem Wohnzimmer zu, wobei Dani registrierte, daß auch diese Tür jetzt geschlossen war, da das Licht, das sich zuvor noch bis in den Flur gewagt hatte, nun nicht mehr zu sehen war.

Er pfiff die Melodie des Liedes, aus dem CD-Player, der hier im Schlafzimmer stand, leise mit und schlenderte um das große, hölzerne Bett herum. Aus einer in der Ecke stehenden Kiste Diebels, nahm er eine Falsche, öffnete sie und stürzte ein Drittel des nicht sonderlich kalten Inhalts herunter.

Mangels Beschäftigung zündete er sich eine Zigarette an, schob mit dem Fuß einige Kleidungsstücke, die auf der Erde lagen, beiseite und hockte sich hin, den Rücken an die massive Eichenplatte, am Fußende des Bettes gelehnt. Mit Bier und Zigarette sann er, unterstützt durch die mittelalterlichen Klänge der CD, über seine Zukunft nach, über ein wunderbares Leben in Rumänien, das ihm noch immer wie ein entrückter, phantastischer Traum erschien ...

Ein Wirklichkeit gewordener Traum. Morgen schon ...

III

Er konnte nicht genau sagen, wieviel Zeit verstrichen war. Zwanzig Minuten?! Seine Zigarette war längst heruntergebrannt und der Filter fristete nun ein klägliches Dasein am Boden einer leeren Bierflasche. Dani kauerte noch immer an das Bettende gelehnt auf dem Boden, als er hörte, wie die Schlafzimmertür geöffnet wurde. Aber es kam niemand herein. Einzig Allegras Stimme drang an sein Ohr. Nicht laut, dennoch in einem scharfen Tonfall, der die laufende Musik durchschnitt.

»Dani Sundown?! Es ist soweit. Du darfst kommen!«

Er erhob sich langsam und stellte die leere Flasche, die er mit beiden Händen umspannt hatte, in die Kiste zurück. Als er in die Diele trat, kroch ihm ein vertrauter Geruch in die Nase. Der charakteristische Duft von Blut ...

Das Wohnzimmer wirkte leer, jedoch nur auf den ersten Blick. Dani blieb im Türrahmen stehen. Er erspähte Frankie, aus dessen Körper verschiedene Gegenstände ragten und der in einer großen Lache dunkler Flüssigkeit lag. Aus dem Bad drangen Geräusche. Allegra!

Dani kniff die Augen zusammen, blinzelte und ging auf Frankie zu, der offensichtlich ‚toter Mann' spielte. Dennoch – etwas schien verändert.

»Meine Fresse!« stieß Dani hervor und kickte Frankie leicht gegen dessen Schuhsohle, »in der Aufmachung gehst du als waschechter Zombie durch!«

Just in diesem Augenblick trat Allegra aus dem Bad und betrat das Wohnzimmer. Wortlos schloß sie die Tür, schwebte zum Sofa und nahm dort Platz. Die Augen, mit denen sie ihren Mann fixierte, waren merkwürdig verändert.

Frankie rührte sich nicht. Dani verspürte den leichten Anflug eines Schwindelgefühls, das aber sofort wieder abflaute. Er sah hinab auf Frankie. Das stroboskopartige Flackern des Fernsehbildschirms verlieh der Situation einen eigenartig fremden, kalten Touch. Aus Frankies Brustkorb ragten zwei Gebilde, die den Fantasy-Dolchen, die er einst Allegra zum Geschenk gemacht hatte, beunruhigend ähnlich sahen.

Hinter dem Kopf des Liegenden ragte eine schwarze, ungefähr 30 Zentimeter lange Stange empor.

Moment, Moment. Das war doch nicht wirklich. Ein Scherz! Ja, es mußte ein Scherz sein, konnte einfach nur ein Scherz sein! Frankie ... Scheiße, was ...?!?

Danis Hirn blendete seine Umgebung völlig aus. Seine Augen blickten auf den Freund, registrierten, wie sich der große dunkle Fleck weiter und weiter um dessen Körper ausbreitete, und trotzdem konnten sie das Gesehene nicht einordnen. Er sank zu Frankie's Linken auf die Knie, spürte, wie sich der Stoff seiner schwarzen Jeans vollsog, spürte, wie sie naß und klebrig wurde.

Blut ... tropf, tropf ... viel Blut, ein Meer von Blut ...! Bilder brachen auf Dani herein, rasende Abfolgen von Bildern: Frankie auf der Arbeit, Lachen, Autobahn, mehr Gelächter, noch mehr Gelächter ... Tod. WER? WARUM DENN ...

Ich bin doch hier, wir alle sind hier, Frankie ... Du doch auch!

Wie im Traum und mit durch einzelne Tränen verschleiertem Blick fuhr Dani mit den Fingern über ein schwarzes Teppichmesser, das in Höhe von Frankies Hüfte lag, als bräuchte er seinen Tastsinn, um das sich ihm bietende Szenario zu begreifen. Mit den Händen umfasste er einen der Dolchgriffe, noch immer in der verzweifelten Hoffnung, es handelte sich doch um einen makabren Scherz.

Ein schmatzendes Geräusch ließ dieses Wunschdenken wie eine Seifenblase zerplatzen, als er die stählerne Klinge aus dem geschundenen Leib zog. Tropfen spritzten durch die Luft, landeten auf Danis Armen, seinem Gesicht. Auch den zweiten Dolch zog er heraus.

Achtlos warf er die teuren, als Sammelobjekte gedachten Mordwerkzeuge beiseite. Der Stab, der an Frankies Kopf lehnte, entpuppte sich als Zimmermannshammer, als er danach griff.

Eine Woge von Zorn und Wut ergriff ihn. Den Hammer zur Seite schleudernd, ballte er die Fäuste und schlug zwei, drei, vier Mal auf Frankies Brustkorb, als könnte dies dessen Herz wieder zum Schlagen bringen. Oh wie sinnlos ...

Jene Welle, die ihn durchströmte, verebbte ebenso schnell, wie sie aufgekommen war. Dani erhob sich, ohne Allegra wahrzunehmen, und stapfte ins Bad. Er riß ein Handtuch vom Rand der Badewanne und kehrte damit an die Seite seines toten Freundes zurück. Langsam kniete er sich neben dessen Kopf, hob ihn vorsichtig an und legte ihm sanft das Handtuch unter, das er zu einer Art Kopfkissen gefaltet hatte.

Das Blut, das ihm durch die vergeblichen Reanimationsversuche bis ins Gesicht gespritzt war, fing langsam an zu trocknen und auf seiner Haut zu spannen.

Abermals lief er ins Bad. Er wusch sich die Hände, wobei ihm die zartrote Färbung des Wassers fast unerträglich war. Dann hielt er seinen kahlrasierten Schädel unter den Strahl. Langsam gewann er, dank des eisigen Wassers, wieder einen klaren Kopf.

Durch eine Drehung am Handgriff stellte er das Wasser ab. Dani hob den Kopf und betrachtete sich im Spiegel, der über dem Waschbecken hing. Mit einem Mal sah er müde aus, bemerkte Ringe unter den Augen. Da er sich noch nicht abgetrocknet hatte, perlten unzählige Tropfen von seinem Antlitz, liefen in dünnen Rinnsalen hinab und schlugen im weißen Emaillebecken auf.

Naß wie er war, lief er ins Schlafzimmer, fegte grob einige Dinge mit einem Handstreich beiseite, um sich Platz zu verschaffen. Bevor er sich niederließ, brachte er den CD-Player zum Verstummen, indem er einfach den Stecker aus der Wand zog. Er warf sich aufs Bett, die Ellbogen auf den Knieen, die Handflächen gegeneinander gepreßt und den Kopf auf die Daumen gestützt, die seine Schläfen langsam kreisend massierten.

Was war geschehen? Frankie? Tot!? Und Allegra?

Allegra!!

Wie durch Telepathie herbeigerufen erschien sie im Schlafzimmer. Von ihrer anmutigen Art, ihrer blassen Eleganz war nicht mehr all zuviel geblieben. Ihre weiße Haut wirkte wie mit roter Erde bestäubt. Sie blickte auf Dani hinab, mit halb geschlossenen Lidern und sagte kein Wort.

»Was in aller Welt ist hier geschehen?«

Seine Stimme, anfangs noch dunkel und kraftvoll, brach während er die letzten drei Worte aussprach, und wurde zu einem Flüstern.

»Was ist denn hier los?!?«

Allegra lächelte kalt und der Klang ihrer Worte wirkte entrückt, bedrohlich:

»Du hängst da jetzt mit drin ... Ist dir doch klar? Scheiß auf Frankie!«

Sie beugte sich vor und griff mit der rechten Hand nach seinem Kinn. Dani spürte den Film des Blutes, der ihren Fingern anhaftete, nun abermals auf seiner Haut. Mit drängender Kraft hob sie seinen Kopf und kam mit ihrem ihr Gesicht bis auf etwa fünf Zentimeter an das seine heran.

»Du hörst mir jetzt zu!« zischte sie, und winzige Speicheltropfen flogen ihm entgegen. »Was hier geschehen ist – Nebensache! Fakt ist: hier liegt ein Toter, du bist hier, ich bin hier. Wolltest du nicht immer ein Outlaw sein?! Antworte!«

»Ja, verdammt!« spie Dani ihr entgegen, »aber nicht auf Kosten anderer Menschen, schon gar nicht auf Frankies!«

Allegra grinste.

»Dani – du bist im Arsch! Außerdem, Frankie war doch nur ein Mensch!« Sie richtete sich wieder auf. »Es gibt jetzt zwei Möglichkeiten: Wir bleiben hier, oder wir hauen ab.«

Dani's Gedanken drehten sich plötzlich im Kreis. Ich könnte doch einfach gehen ... oder? Würde sie mich gehen lassen?? Ich will sie nicht allein lassen ... diese Frau ist ... meine Frau!!

»Nun?« schnarrte sie, »was wirst du tun?«

»Das, was du vorschlägst ...«, brachte er ein wenig lallend hervor.

»Dann komm!« sagte sie und streckte ihm ihre Hand entgegen.

Dani ergriff sie und ließ sich von ihr ins Wohnzimmer führen, wo sie einen Filzstift von der Kommode nahm und ihm reichte.

»Schreib, denn was hast du jetzt noch zu verlieren?«

»Wohin schreiben? Und was?« fragte er beinahe hilflos. Allegra machte mit den Armen eine weite Geste.

»An die Wand, such dir 'ne Stelle aus! Ich diktiere!«

Und Dani schrieb ...

Drohungen, Schlagworte, wie sie im Satanismus zu finden waren, in englischer wie deutscher Sprache. Als er wie verloren in diesem Raum stand, seine Frau an seiner Seite, Frankie ... irgendwo an den Pforten Scheols, überzeugte er sich selbst, daß Allegra, diese anbetungswürde Frau, dieser Engel, den er über die Maßen und mehr als sein eigenes Leben liebte, zu so etwas gar nicht fähig wäre.

Nein, niemals – nicht so! Nicht möglich!

Das Schreiben der Hetzworte beanspruchte nicht allzuviel Zeit. Im Anschluß an ihr »Diktat« verließ Allegra, gefolgt von ihrem Mann, den Raum. Er stellte sich an das Schlafzimmerfenster, zog das Rollo hoch und sah in den dämmernden Tag hinaus, auf der Suche nach etwas Greifbaren, etwas Reellem. Sie blieb in der Diele stehen, von wo aus sie Angel absagte.

Als sie ins Schlafzimmer trat, drehte Dani sich zu ihr um. »Die Party hat nie existiert, nicht wahr?« sagte er leise zu ihr. »Mit wem hast du gerade gesprochen?«

»Ja, die Party hätte niemals stattgefunden«, antwortete sie ebenso leise. »Es war Angel, mit dem ich gerade sprach. Frag' mich bitte nicht warum, denn du würdest es nicht verstehen. Noch nicht. Dani ... ich habe mich entschlossen zu sterben.«

»Was?!« Danis Stimme überschlug sich fast. »Was ist denn jetzt schon wieder los?!«

Allegra sah ihn traurig an.

»Ich möchte nicht alleine gehen. Ich will, daß du mitkommst. Und jetzt wurde dir die Entscheidungsfreiheit genommen. Verzeih!«

Sie verschwand im Bad, wusch sich und zog sich um.

Dani, noch völlig perplex von dem eben Gehörten, tat es ihr gleich – zumindest, was das Umziehen betraf. Er stopfte einige Kleidungsstücke in einen Stoffbeutel, der einen großen weißen Werbeaufdruck eines Bestattungsunternehmens trug, setzte sich zum x-ten Male an diesem Tag aufs Bett und wartete, ohne einen sinnvollen Gedanken auf die Reihe zu kriegen, auf Allegras Erscheinen.

Endlich ging die Badezimmertür wieder auf, was Dani sehr erleichterte. Er war zwar hart im Nehmen, doch wäre er ungern lange allein geblieben – zumindest an diesem Abend. Seine Frau packte, ohne großes Lamentieren einige Anziehsachen und Kosmetikartikel in einen olivgrünen Rucksack. Dann ging sie noch einmal in das Wohnzimmer zurück, nahm die Imodium-Kapseln und die beiden Toilettenpapierrollen (Frankies »Geschenke«), und quetschte die Sachen ebenfalls in den Rucksack. Sie schaltete den Fernseher aus und blieb in der Diele stehen.

»Na, komm!« rief sie auffordernd. Gehorsam griff Dani die Stofftasche, trottete Allegra entgegen, ließ sich von ihr auf die Wange küssen und öffnete die Wohnungstür ...

Ich spreche für mich

Ich war Dani Sundown. Man hat mich für einen Mord verurteilt, den ich nicht begangen habe.

Im Juli 2001 fand Frank H., in einer Wittener Mietwohnung, unter bis heute ungeklärten Umständen, seinen gewaltsamen Tod. Wie sich jener Mordtag gestaltete, wie ich ihn erlebt habe, wissen Sie nun. Sinn und Zweck dieses Buches ist es, zumindest ansatzweise Licht ins Dunkel zu bringen.

Natürlich kann ich bereits jetzt, da ich diese Zeilen zu Papier bringe, die Stimmen vernehmen, die zwangsläufig laut werden, und mich bezichtigen, ich hätte dieses sagen wir mal »Memorandum« nur geschrieben, um noch auf irgendeine Art und Weise den Kopf aus der ohnehin schon zugezogenen Schlinge zu ziehen.

Ich kann und werde es diesem Personenkreis nicht einmal übelnehmen. Schließlich tat ich selbst und mit vollster Absicht alles, um mich zum meist gehaßten Menschen Deutschlands zu machen.

Auf den folgenden Seiten werde ich nun offenlegen, wie es geschehen konnte, welche Umstände dazu führten, daß ich mich in diese furchtbare Sache habe mit hineinziehen lassen, warum ich nicht von Anfang an Klartext gesprochen habe.

Vorab stelle ich dem geneigten Leser eine Frage : Was bleibt, wenn Ihnen *alles* genommen wird?

Ich bitte Sie, behalten sie diese Frage im Hinterkopf ! Vielleicht wird es Ihnen dann möglich sein, am Ende dieses Buches nachzuvollziehen, weshalb die derzeitige Situation ist, wie sie ist ...

Zunächst werden Sie von zwei Theorien erfahren, sozusagen zwei Gedankengängen, die sich damit befassen, wie Frank H. tatsächlich zu Tode gekommen ist. Einzeltäter?!? Mehrere Täter?!? Denn: So offensichtlich, wie die Lage für Polizei und Justiz zu sein scheint, stellt es sich bei weitem nicht dar.

Der Abschnitt »Demontage eines Lebens« erklärt, wie ein Mensch es fertigbringen kann, einen anderen in absolute Abhängigkeit zu führen. Selbstredend ohne Drogen, Gewalt etc.

»Stegreif – Gib mir Deine Schuld!« – Hier bringe ich Ihnen meine Aussagen nahe, die ich während der polizeilichen Vernehmung machte. Zum besseren Verständnis finden Sie das komplette, ungekürzte Protokoll im originalen Wortlaut im Anhang dieses Buches. Entgegen allen kursierenden Gerüchten existiert nämlich nirgendwo ein Schriftstück, in welchem ein Geständnis meinerseits aufgeführt ist. Sämtliche Antworten, die ich am 12. sowie am 13. Juli 2001 in den Räumen der Bochumer Mordkommission auf die Fragen von KHK Sch. gab, dienten einzig dem Zweck, weder mich noch andere Personen zu belasten. Da ich selbst jetzt noch nicht den genauen Ablauf der damaligen Tötung kenne, hatte ich gar keine andere Möglichkeit, als so zu antworten, daß ich niemandem schade.

Sicherlich werden Sie sich nun fragen: Warum hat dieser Idiot denn dann nicht gleich gesagt, was sich abgespielt hat?! Dies erfahren Sie in: Rorschach – Geburt ohne Zeugung. Allzuweit möchte ich dem Kapitel nicht vorweggreifen. Seien Sie versichert: Es ist möglich, selbst Koryphäen auf dem Gebiet der forensischen Psychiatrie hinters Licht zu führen ...

Es lebt! Aufgabe: Verändere dich so, daß niemand mehr weiß, wer du wirklich bist. Spring über deinen Schatten! Verhalte dich so, wie man es von Dir erwartet. Brich mit allen Werten. Täusche!! Täusche!!

Zu den »Ansichten«, meinen persönlichen Ansichten, werde ich an dieser Stelle nicht viel schreiben. Bilden Sie sich selbst Ihr Urteil. Verwerfen Sie alles, was Sie bisher über mich zu wissen glaubten! Die Wahrheit liegt nun vor Ihnen!

FIAT LUX!

Zwei Theorien

Wie ist Frank H. zu Tode gekommen?

Längst bekannt – schließlich stellte man bei der Obduktion Dutzende Messerstiche und Hammerschläge fest. Aber auf weche Art und Weise wurden ihm diese todbringenden Verletzungen zugefügt?

Hat er sich selbst verletzt? – Lächerlich!

War es tatsächlich Allegra, allein und in Eigenregie?

Waren womöglich noch andere Personen zugegen?!

Ich habe zwei Theorien, die für mich diesbezüglich in Frage kommen, und werde hierbei auch auf ein äußerst seltsames Obduktionsergebnis eingehen.

Der erste Gedankengang führt mich zu Allegra als Einzeltäterin. Lange Zeit habe ich mich dagegen gesträubt, diese Möglichkeit in Betracht zu ziehen. Dabei muß man berücksichtigen, daß Allegra kein kleines, schwächliches Mädchen war, sondern eine Frau, die ihre Muskeln stählte und spezielle Präparate einnahm, die ihr zusätzlich einiges an Kraft verschaffen sollten.

Ich gehe sogar soweit, zu behaupten, daß Frankie ihr im offenen Zweikampf unterlegen wäre.

Wie dem auch sei, die momentane Sachlage ist die, daß Allegra mich in ihrer Aussage beschuldigte, Frankie mit dem Hammer niedergeschlagen zu haben, und daß darauf hin »Satans Stimme« aus mir sprach und ihr befahl, sie solle einen Herzstich setzen. Parallel dazu wurde auf mysteriöse Weise einer jener Fantasy-Dolche »angestrahlt« (!), den sie ergriff und mit dem sie auf Frankie einstach. Zu diesem Zeitpunkt habe Frankie gestanden, nicht gelegen ...

Ich selbst stelle es mir äußerst unwahrscheinlich vor, nach einem oder gar mehreren Schlägen auf den Kopf noch zu stehen! Der Knackpunkt ist jedoch folgender:

Laut Obduktionsbericht 'bestehen keinerlei Hinweise auf Vitalität' dieser Kopfverletzungen.

Wie ist das möglich?! Wurde Frankie, nachdem er bereits tot war, posthum der Schädel eingeschlagen??

Eine weitere Ungereimtheit bezieht sich ebenfalls auf das »Hammer/ Messer-Zusammenspiel«. Allegra hatte, laut ihren eigenen Angaben, auf Frankie eingestochen, als dieser noch stand. Die kriminaltechnische Untersuchung widerspricht diesem Umstand jedoch.

Frankie hatte weder an seiner Hose noch auf seinen Schuhen irgendwelche Blutspuren. Anhand dieser Merkmale kann die Aussage Allegras nicht stimmen!

Zu beachten ist jedoch, daß der Tathergang höchstens 15–20 Minuten gedauert haben kann. Dies weiß ich mit absoluter Gewissheit, da ich in dieser Zeit nur *eine* Zigarette rauchte, (ca. 6–7 Minuten) sowie *eine* Flasche Bier leerte. Wäre es möglich, daß eine Frau in diesem Zeitrahmen einen Menschen auf derartig brutale Art und Weise ermordet?!

Schwer vorstellbar, gewiß, doch nicht im Bereich des Unmöglichen. Hatte sie Frankie eventuell dazu gebracht, sich auf den Boden zu legen, und war dann über ihn hergefallen ?!

Hatte sie ihm vielleicht sogar ein Mittel verabreicht, schnell wirkend und problemlos in der Anwendung?

Im Analysenergebnis des Toxikologischen Gutachtes ist zu lesen: » (...) Durch die ... Fäulnisveränderungen des Leichnams kann nicht ausgeschlossen werden, daß ursprünglich inkorporierte zersetzliche Schlafmittel und Gifte im Verlauf dieser Fäulnisvorgänge ebenfalls derart verändert wurden, daß sie analytisch nicht mehr eindeutig nachweisbar sind.«

Zudem muß gesagt werden, daß ich zwar von einigen psychischen Problemen Allegras wußte, doch war mir die Schwere dieser offensichtlichen Störung nicht bekannt.

Ich will diese furchtbare Tat nicht durch einen unbedarften Satz ins Lächerliche ziehen, doch kann man dem Volksmund glauben, wenn er behauptet: »Irre haben Wahnsinnskräfte!»?

Vieles spricht dafür. Bei Allegra wurden im Bereich ihrer rechten Finger tiefe Schnittwunden festgestellt, die sie sich nach eigenen Angaben zuzog, als sie auf Frankie einstach und dabei vom Messergriff abrutschte.

Ist es denkbar, daß Allegra eigenverantwortlich handelte und sie allein die Schuld trifft?!?

Die zweite Theorie, die mir seit recht langer Zeit im Kopf herumspukt, stellt sich folgendermaßen dar: Was wäre, wenn noch eine dritte oder gar vierte Person mit im Spiel war?!

Bedenken Sie, lieber Leser, jener Sachverhalt: Allegra wollte sich töten, war jedoch nicht bereit, allein ihr Leben auszuhauchen. Zudem gingen ihre Kontakte zu Freaks, Satanisten und sonstigen Menschen quer durch Europa. Vergessen Sie nicht, daß *ich* in den zweifelhaften Genuß kommen sollte, gemeinsam mit ihr mein Leben zu beenden.

Es steht außer Zweifel, daß es durchaus Leute gibt, die, beispielsweise aus einem Gefallen heraus, bereit sind (besonders bei einer attraktiven Frau, die Allegra nun mal war) bei der Planung und Ausführung eines Mordes behilflich zu sein.

Zu abwegig?!? Keineswegs! Auch will ich verraten, warum ich gerade in diesem Fall darauf komme: Zum einen sind da diverse Anrufe und Kurzmitteilungen (SMS), die via Handy und Festnetztelefon getätigt worden sind.

Warum, frage ich mich, wurde mit einer Person gesprochen, die mit der Partyplanung beschäftigt wurde, obwohl es überhaupt keine Party gab?! Warum wurde dieser Person, nachdem Frankie bereits tot war, »abgesagt«?! Warum hat diese Person keine Fragen über den Grund der Absage gestellt, wenn doch angeblich dermaßen viele von Allegras Leuten im Partyraum quasi »Gewehr bei Fuß« standen?? War diese Person eventuell sogar am Mordtag zugegen?! Wie sollte man sich beispielsweise erklären, daß Allegra mehrfach in den Hausflur ging?

Es muß in dieser Hinsicht darauf hingewiesen werden, daß es über ihrer Wohnung nur noch eine Mietpartei gab, die ein offensichtliches Alkoholproblem hatte. Wenn man sich über diesen Umstand ernsthaft Gedanken macht, wäre es dann nicht denkbar, daß sich auf der Treppe zur obersten, letzten Wohnung eine bzw. mehrere Personen aufhielten, um wie auf Stichwort in Aktion zu treten??

Diese Theorie stütze ich auf die Aussage eines Zeugen, eines Bewohners der ‚Breiten Straße'. In seiner polizeilichen Vernehmung hatte dieser Mann ausgesagt, er habe beobachtet, daß Allegra und ich mehrfach und schwer bepackt mit Taschen etc. zwischen dem Wohnhaus Nr. 55 und meinem etwas abseits geparkten Auto hin und her pendelten. Dieser Anwohner zog diese Aussage jedoch wenig später zurück, da er sich nicht wirklich hundertprozentig sicher war, ob die Gestalten, die zwischen Haus und Auto (?) herumliefen, auch tatsächlich Allegra und ich gewesen seien.

Da drängt sich mir die Frage auf: Wie kam dieser Mann auf die Idee zu behaupten, er hätte sie und mich mehrfach und mit Taschen in den Händen gesehen?

Stellen Sie sich bitte folgende Situation vor: Identifizieren Sie aus einer Gruppe von Schwarzafrikanern zwei Personen. Noch dazu aus mehreren Metern Entfernung. Sie werden zugeben müssen, daß dies ein recht schwieriges Unterfangen darstellt ...

Ich bin mir sicher: Der Herr hat aus genau diesem Grund seine Zeugenaussage widerrufen. Er hatte *tatsächlich* Leute zwischen Fahrzeug und

Wohnhaus pendeln sehen, doch konnte er nicht mit Bestimmtheit sagen, ob Allegra und ich diese Personen waren, oder jemand anders. Denn: Jeder, der sich in diversen Undergroundszenen aufhält, trägt diese Zugehörigkeit zuallererst durch sein Outfit nach außen. Für jemanden, der sich niemals in diesem Milieu aufgehalten hat (was ich diesem Zeugen einfach mal unterstelle), ist die Identifizierung solcher Menschen ein ebenso großes Problem wie das Ausfindigmachen eines Japaners unter Dutzenden seiner Landsleute, wenn man selber Westeuropäer ist.

Fakt bleibt: Es wurden mehrfach Personen gesichtet, die zwischen dem Wohnhaus Nr. 55 und dem Parkplatz, auf dem mein Wagen stand, hin und her liefen?!? Frage: Wer waren diese Leute?!?

Natürlich habe ich in Erwägung gezogen, daß es sich möglicherweise um andere Bewohner des Hauses Nr. 55 gehandelt haben könnte, doch habe ich diesen Gedanken schnell wieder verworfen. Man darf nicht vergessen, wie auffallend Allegra und ich auf den Normalbürger gewirkt haben müssen. Stiefel, schwere Ketten, durchweg schwarze Kleidung, extreme Frisuren, Piercings ...

Dieser »Look« und die Accessoires, mit denen er erreicht wird, sind zwar heutzutage gang und gäbe, doch auf Personen älteren Semesters wirkt diese Aufmachung noch immer befremdlich und außergewöhnlich. Zumindest prägt sie sich ein und hebt sich deutlich von dem Bild ab, das mit ‚gutbürgerlicher' Kleidung vermittelt wird.

Was also geschah an diesem warmen Juliabend?
Ein ritueller Tötungsakt mit satanistischen Motiven?
Ein Mord aus reiner Lust am Töten?
Läuft ein gedungener Mörder in Freiheit herum?
Wer trägt die Schuld an Frankies Tod????

Demontage eines Lebens

»Pechschwarzer Vampir sucht Prinzessin der Finsternis. Eine düstere Fee, die die Menschen verachtet und alles und jeden hasst!«

Mit diesen Worten begann der Anfang vom Ende. Es war im Mai des Jahres 2000, als ich jene Zeilen in die Kleinanzeigenrubrik zweier Metal-Magazine setzte.

Sicher, der Wortlaut liegt fernab vom Alltäglichen, doch genau das war auch beabsichtigt. Sinn dieser Anzeige war es, eine Frau zu finden, die tatsächlich und in jeder Lebenssituation ihrem Stil treu bleibt, d.h. jemand, der sich nicht nur am Wochenende oder zu besonderen Events und Konzerten in ein unkonventionelles Outfit hüllt.

Natürlich liegt es mir fern, diese Imagefrage zu hoch anzusetzen. Schließlich gibt es Orte, wie zum Beispiel der Arbeitsplatz, an dem man Berufskleidung trägt und eben nicht seine heißgeliebten Band-Shirts oder Nietenarmbänder. Dennoch: Ich finde es absolut befremdlich, wie ein Mensch am Wochenende den ‚Harten' herauskehrt, sich von urwüchsigem Black-Metal beschallen läßt, möglicherweise sogar über Insiderwissen, was bestimmte Bands betrifft, verfügt, an anderer Stelle jedoch mit »Freunden« private »Ballerman- und Fetenhits-Parties« schmeißt!

Wie passt das zusammen?! Da ich es satt hatte, ständig Frauen kennenzulernen, die des Nachts auf Vampirella machten, tagsüber aber mit alten Ladies in einer kirchlichen Häkel- und Handarbeitsgruppe zusammensaßen, ging ich davon aus, mit einer solchen Anzeige, die ja ganz offensichtlich auf Frauen der härteren Gangart abzielte, ebensolche auch zu finden. Einen Versuch war's allemal wert.

An jenem Tag, als meine Zeilen veröffentlicht wurden, brach ein regelrechter SMS-Sturm los, der mein Handy an den Rand des Zusammenbruchs führte. Nach wenigen Stunden bereute ich bereits, die Nummer des Mobiltelefons mit angegeben zu haben. Vor allem fand ich es höchst erstaunlich, wie viele Frauen auf derartige Worte reagierten. Die Inhalte der SMS reichten von düsteren Gedichten über harmloses Sichvorstellen bis hin zu eindeutigen Angeboten in sexueller Hinsicht.

Nun galt es zu sortieren. Ich kürze das Auswahlverfahren ab, da es den Kern der Sache nicht berührt. Letztlich blieben von weit über 200 SMS nur noch eine Handvoll übrig – eine davon schrieb mir Allegra aus Witten ...

Meine Beziehung zu ihr ließ sich recht langsam an. Man tauschte Adressen aus, beschnupperte sich im Briefwechsel. An ein Treffen wurde vorerst noch gar nicht dacht. Nichtsdestotrotz legte sie mir ein Photo bei, das sie in kämpferischer Pose mit langen Eckzähnen und weißen Kontaktlinsen zeigte.

Mein erster Gedanke, als ich dieses Bild in Händen hielt, war: Wow, die Alte ist'n echter Freak! Beileibe meinte ich dies nicht abwertend – ganz im Gegenteil! Es gibt nicht viele Menschen, die mit ausnehmender Schönheit beschenkt wurden. Allegra jedoch war einer von ihnen, und dennoch tat sie ihr Bestes, um mit den gängigen Schönheitsidealen zu brechen, gab sich wild und animalisch und genoß ihr Anderssein in vollen Zügen.

Dieses Verhalten hat mich damals schwer beeindruckt. Doch damit nicht genug – in ihren Briefen beschrieb sie ein ungeheuer rasantes und durchaus spannendes Leben, wie beispielsweise ihre Kindheit in Großbritannien. Sie sei Model für diverse Photoshootings, habe implantierte Fänge (Augenzähne) und ein ausgeprägtes Faible für Vampire, Vampirfilme so wie den Vampirismus an sich.

Natürlich durfte eine obligate Auflistung von Dingen, die hoch bei ihr im Kurs standen, nicht fehlen. So kristallisierte sich eine ganz besonders sanfte, (schwarz)romantische Ader heraus: Burgruinen bei Nacht, stille Waldseen im Nebel, verwilderte Friedhöfe, Kerzen etc.

Nun, was soll ich sagen? Ich war entflammt, wollte dieser Frau begegnen, ihr in die Augen sehen, mit ihr sprechen! Leider erwiesen sich meine Wünsche als nicht ganz so leicht erfüllbar. Allegra hatte zu diesem Zeitpunkt viel zu tun, war quasi nicht abkömmlich, und wenn, dann nur für höchstens eine Stunde um drei oder vier Uhr in der Früh.

Reichlich ärgerlich – dennoch war mein Ehrgeiz, sie zu treffen, nicht gebrochen. Nachdem ich eines Sonntags einen Brief an Allegra geschrieben hatte, setzte ich mich in meinen Wagen, fuhr nach Witten und suchte die Straße, in der sie wohnte – quasi als ihr persönlicher Postbote.

Tja, was soll ich sagen ... eines Tages, es war ebenfalls ein Sonntag, klappte es dann doch noch. Allegra hatte Zeit, und zwar für mich!

Man kann dieses erste Treffen nicht als herkömmliches Blind Date betrachten. Ein Photo von ihr trug ich in der Tasche, und sie war sich ebenfalls darüber im klaren, wie es äußerlich um mich bestellt war. Dennoch : Bevor man die Person, die sich auf einem Bild darstellt nicht leibhaftig gesehen hat, kann man sich kein Urteil erlauben und muß zumindest die Möglichkeit in Betracht ziehen daß die Verabredung mittlerweile über zwei Zentner wiegt oder einen entstellenden Unfall hatte (letzteres wäre jedoch halb so wild).

Nun, als ich Allegra zum ersten Mal sah, sah ich nichts! Ich betrat nämlich eine stockdunkle Wohnung. Nachdem sich die lilafarbenen und grünen Flecken im Sichtbereich, die durch den abrupten Wechsel von hellstem Sommertag in tiefste Nachtschwärze hervorgerufen wurden, auflösten, erkannte ich linker Hand die Flammen einiger Kerzen.

Von Allegra keine Spur.

Ich folgte dem Kerzenschein, nachdem ich die Wohnungstür geschlossen hatte (ich fand sie beim Eintreten angelehnt vor) und ging ins Wohnzimmer, wo die Dame des Hauses in einem schwarzen, wallenden Kleid auf der Couch saß.

Im ersten Moment war ich ein wenig verwirrt, glich doch dieses Geschöpf auf dem Sofa eher wenig bis gar nicht der Person, die das Foto zeigte, das sie mir geschickt hatte. Spontan erschien vor meinem inneren Auge das Bild einer Schauspielerin, die einst in einer Schwarz-Weiß-Serie die Figur der Morticia Adams verkörperte.

Nachdem wir uns begrüßt hatten, wobei sie sich einzig etwas gerader hinsetzte und mir eine ihrer bleichen Hände entgegenstreckte, bemerkte ich zwei große Käfige, in denen ein überaus fettleibiges Kaninchen sowie ein ausnehmend großes Meerschweinchen gehalten wurden.

Nun, ich setzte mich schließlich zu ihr auf die Couch und taxierte mit Blicken den Raum. Ich sah den Sarg und die vielen Dinge, die dem typischen »Gothic«-Klischee entsprachen, was mir jedoch angesichts von Allegra nicht negativ erschien, da ich mir dachte, wenn man schon augenscheinlich seinen ganzen Lebenswandel »vampiristisch« auslegt, sei es nur recht und billig, auch diverse Accessoires zu verwenden, auch wenn sie in einem anderen Kontext ein wenig lächerlich gewirkt hätten ...

Zu diesem ersten Treffen muß ich bemerken, daß Allegra mir von vornherein sagte, sie hätte nicht allzuviel Zeit, sie müsse noch irgendetwas erledigen. Das kam mir zu diesem Zeitpunkt recht gelegen. Nicht, daß ich mich unwohl in ihrer Gegenwart oder gar in ihrer Wohnung gefühlt hätte – dennoch freute ich mich bereits in diesem Moment darauf, bald wieder in meinem Wagen zu sitzen, um das Gesehene bzw. gerade Erlebte in geordnete Bahnen zu lenken und Allegra, selbst nach solch kurzer Zeit, zumindest ansatzweise in eine gedankliche Schublade stecken zu können, und sei es nur aus dem Grund, um ihrem reichlich phantasievollen Habitus einen Anstrich zu geben, der trotz des Sarges und des vampirmäßigen Auftretens in ein menschenübliches Bild paßte.

Ich bitte den geneigten Leser, es mir nachzusehen, daß ich mich, nach Jahren, nicht mehr an den genauen Wortlaut dieses ersten Gespräches erinnern kann, dennoch will ich versuchen, Ihnen einen kleinen Einblick zu geben.

Während ich neben Allegra auf der Couch saß, zwanghaft darum bemüht, sie nicht permanent anzustarren, suchte ich nach geeigneten Worten, um das aufkeimende unangenehme Schweigen zu vermeiden. Gedanklich zog ich dabei beständig Parallelen zwischen der Frau auf dem Foto, das sie mir geschickt hatte, und Allegra selbst. Ich kam zu dem einstweiligen Ergebnis, daß alles seine Ordnung hatte, das Foto tatsächlich ein Abbild Allegras war, und ich schalt mich selbst, diesem reizvollen Geschöpf, das neben mir saß, einen etwaigen Betrug zu unterstellen.

Wie dem auch sei, es galt vor allem, jenen hirnlosen Smalltalk zu vermeiden, den ich selbst schon bis zum Erbrechen hatte ertragen müssen, wenn es darum ging, einem reizvollem Menschen des anderen Geschlechts näher oder nahe zu kommen.

Wenn ich mich recht entsinne, ergriff Allegra zuerst das Wort. Seltsamerweise war es nicht ihre Absicht, bedeutende Dinge in Erfahrung zu bringen, die mich betrafen. Statt dessen gab sie mir einen ersten Einblick in ihr Leben. So erfuhr ich von ihrer Kindheit in London, von ihrem auf tragische Weise ums Leben gekommenen Bruder namens Ty, von ihrem Faible für Vampirfilme, die sie über alles liebte, und eben von Sid & Vicious, jenen Nagetieren, die im Käfig ihr Dasein fristeten.

Mein Part bei diesem Beinahe-Monolg ihrerseits war es, ab und an einen Kommentar fallenzulassen, und ich entschied mich dafür, erst mal den guten Zuhöhrer zu geben. Einige Dinge, die sie erwähnte, waren mir bereits durch den vorangegangenen Briefwechsel vertraut, trotzdem unterließ ich es, sie darauf hinzuweisen, da ich dieses erste Kennenlernen nicht durch Äußerungen trüben wollte, die mich in das Licht eines kleinkarierten Menschen (die ich selbst absolut nicht ausstehen kann) rücken würden.

Es wäre eine Lüge, würde ich nun behaupten, daß Allegra mich anfangs kalt ließ – ich meine, ihre Wirkung, die sie auf mich hatte, war durchaus enorm.

Allerdings schwang in meinem, sagen wir mal »Beeindrucktsein« ein Ton des Missfallens mit.

Auf der einen Seite war da Allegra. Bezaubernd, unkonventionell, durchaus auch witzig, ein wenig der Realität entrückt und durch ihr Auftreten die fleischgewordene Anarchie.

Auf der anderen Seite stand ich. Stets auf Sicherheiten bedacht, was mein Leben betrifft, arbeitsam, und stets klare Trennlinien ziehend zwischen Realität und Fiktion.

Allegra wirkte auf mich, als wünsche sie sich nichts so sehr, als selbst eine lebende Tote zu sein, natürlich wie immer mit dem Hintergedanken, lieber ein Vampir als ein Zombie zu sein.

Ich will mich nicht davon freisprechen, einen solchen Wunsch selber schon gehegt zu haben. Eine wahrlich phantastische Vorstellung, als nächtlicher Flattermann, in bester Bram-Stoker-Manier ...

Aber was soll der Quatsch? Tot ist tot, und es wird niemals einen Menschen geben, der diesen Zustand seines Körpers irgendwie zu nutzen vermag.

Das erste Treffen zwischen mir und ihr war dann auch recht schnell wieder zu Ende. Wenn ich ehrlich bin, wollte ich die nächste Zusammenkunft auch etwas weiter hinauszögern, da mir diese Frau ein klein wenig suspekt vorkam. Nach einigen Tagen kam ein Anruf von ihr, Sie teilte mir mit, sie müsse für einen Monat nach England. Gründe nannte sie keine, und ich maßte mir auch nicht an, sie danach zu fragen, da man sich noch kaum kannte.

So vergingen dann auch ca. fünf Wochen. Es muß im Oktober 2000 gewesen sein, als sie mich via SMS wissen ließ, sie sei wieder im Lande.

In der Zwischenzeit hatte ich mir reichlich Gedanken über diese Frau gemacht. Natürlich war ich nicht gänzlich auf sie fixiert, im Gegenteil. Allegra im Hinterkopf, klapperte ich noch weitere »Kandidatinnen« ab, die sich auf die Anzeige gemeldet hatten. Wahrlich, Sie können mir glauben, ich hatte meinen Spaß! Doch wie die Wittener Fledermaus war keine jener Damen ...

Eines Tages, ich verließ gerade meinen Arbeitsplatz, nachdem die Spätschicht zu Ende war, piepte sie mich an und bat mich, später vorbeizukommen, sollte ich nichts Besseres zu tun haben. Per Handy ließ ich sie wissen, ich könne gegen 22.30 Uhr bei ihr auf der Matte stehen, was ihrerseits durch ein »OK« bestätigt wurde.

Mit einigen Flaschen Altbier in einem Beutel stand ich schließlich vor ihrer Tür. Diese Treffen zu späterer Stunde sollten schon bald zur Gewohnheit werden.

Sie müssen wissen, mit Allegra konnte man zum damaligen Zeitpunkt gut zurechtkommen, wenn man gewisse Dinge beachtete und nicht alles was sie von sich gab, mit absolutem Ernst betrachtete. Ich merkte früh, daß sie in ihrer eigenen kleinen Welt lebte, das offensichtlich Menschliche konsequent ablehnte und sich – so kam es mir vor – zumindest als »Halbvampir« ansah. Die ungewöhnliche Blässe ihrer Haut (mit Hilfe von Puder hervorgerufen), das Schlafen im Sarg, die überlangen, implantierten Augenzähne ...

Ich bewunderte diese Konsequenz, mit der sie ihr Leben lebte, und doch tauchten bei mir schon zu Anfang einige Fragen auf, die ich unbedingt geklärt haben wollte.

Trotz ihres Sträubens, trotz des Verleugnens ihrer menschlichen Abstammung war sie noch immer ein Mensch. Als solcher war auch sie mit den völlig normalen und unabdingbaren Bedürfnissen jener Spezies konfrontiert. Das fing beim Gang auf die Toilette an und hörte beim Naseschneuzen auf.

Eines Abends fragte ich sie, wie bzw. wer denn ihre Einkäufe erledigen würde, wie sie unaufschiebbare Amtsgeschäfte erledigte oder wie sie an Geld kam. Die Antworten auf diese Fragen schoß sie in der Geschwindigkeit eines MG's auf mich ab (vermutlich war ich nicht der einzige, der ihr solche Fragen stellte!): Einkäufe ließ sie durch »Bedienstete«, die sie »Renfields« nannte, durchführen, Amtsgeschäfte durch ihre Eltern (auch Untote haben Mama und Papa?!?), und an klingende Münzen gelangte sie durch staatliche Hilfe sowie einige Fotoshootings, wo sie in Lack und Lederklamotten vor der Kamera posierte, was mir überaus gefiel (Wem nicht?!)

Großartig interessante Dinge sind bei diesen Treffen eigentlich nie abgelaufen. An dieser Stelle sollte ich erwähnen, daß ich Allegra trotz ihrer offensichtlichen Reize nie zu nahe getreten bin. Unsere Beziehung war bis zum Januar 2001 rein freundschaftlich.

Ich habe Allegra nie auf sexuelle Vorlieben oder Bettgeschichten an sich angesprochen. Ich empfand Allegra stets als wunderbar anzuschauen, doch konnte ich mir beim besten Willen nicht vorstellen, mit dieser Frau mein Lager zu teilen. In ihrer unberührbaren Aura spiegelte sie einen schönen Schein wider, eine Art Illusion, der ich mich von Zeit zu Zeit bereitwillig ergab. Um nichts in der Welt wollte ich diesen Betrug, den Allegra an ihrem Leben beging, indem sie ihr »Menschsein« verleugnete, ins Wanken bringen – schon gar nicht, indem ich sie schwitzend und stöhnend sich unter mir auf einem Laken winden sähe. Es erschien mir sogar absolut unpassend, diese Frau in einer sexuell eindeutigen Lage zu sehen.

Dennoch – Vampir hin oder her – ich zumindest bin ein Mensch und mir dessen vollkommen bewusst. Auch zum damaligen Zeitpunkt hatte ich, als junger Kerl, selbstredend auch Bedürfnisse, ein Verlangen nach dem anderen Geschlecht, das ich durch ständig wechselnde Affären zu anderen Frauen befriedigte.

Oft erzählte ich Allegra von meiner neuesten »Errungenschaft« oder schwärmte ihr von den Qualitäten der momentan aktuellen »Braut an meiner Seite« vor, aber ich war nicht völlig zufrieden. Letztendlich war es ja

Sinn der Kontaktanzeige gewesen, von den wechselnden Bekanntschaften wegzukommen, quasi seßhaft zu werden.

Allegra entwickelte sich mehr und mehr zu einem »Kumpel«, einer Art bestem Freund. Man erzählte sich zunehmend Anekdoten aus dem Leben, empfand gemeinsame Ablehnung gegenüber dem Älterwerden und war einfach nur froh in der Nähe des anderen zu sein.

Im Januar 2001, zu einem Zeitpunkt, als ich gerade in einer Beziehung zu einer ebenfalls prachtvollen jungen Frau steckte, schien Allegra erste zarte Gefühle für mich zu entwickeln. Zusammen mit einem damaligen guten Freund meinerseits hatte ich mich mit ihr in der Bochumer MATRIX, einer großen Discothek, verabredet.

Allegra schien an diesem Tag nicht besonders gut drauf zu sein, mekkerte und nölte an allem herum, was ihr Anlass bot, und wirkte allgemein reichlich unausgeglichen. Später in der Nacht änderte dieser Zustand sich mit einemmal. Inzwischen hatte man der MATRIX nach drei-, vierstündigem Aufenthalt den Rücken gekehrt, und gemeinsam nahm man nun einen Absacker in Allegras Wohnung.

Ich kann nicht mehr mit Gewissheit sagen, wie sich die Situation entwickelte – irgendwann stand Allegra mir gegenüber, der Abstand zwischen unseren Augen betrug etwa 15 cm. Sie sprach kein Wort, stand einfach nur da und sah mich an. So verharrten wir sage und schreibe über zwei Stunden (Tatsache!). Während dieses »Strammstehens« kam ich mir ein ums andere Mal ziemlich idiotisch vor, doch immer, wenn ich merkte, daß sich ein passender Spruch, wegen dieser eigentümlichen Scharade in meinem Kopf zu formen begann, unterdrückte ich den Impuls zu sprechen, da ich zusehends neugieriger wurde, wie es wohl weitergehen mochte.

Der damalige Freund, der mit uns zuvor in der MATRIX gewesen war, schlief unterdessen in sitzender Stellung auf dem Sofa. Ab und zu öffnete er blinzelnd die Augen, murmelte ein »Was? Ihr steht ja immer noch dort!« und fiel sofort wieder in den Schlaf zurück.

Mit einemmal kam Bewegung in die Sache. Allegra ergriff meine Hände, trat wenige Zentimeter nach vorn, so daß ihre Stiefelspitzen die meinen berührten, öffnete leicht ihren Mund und küßte mich, erst zart und kaum spürbar, dann fordernd und leidenschaftlich.

Ich werde diesen Moment nie vergessen. In Anbetracht der heutigen Umstände wäre es selbstredend klüger gewesen, spätestens zu diesem Zeitpunkt die Flucht zu ergreifen. Im Nachhinein kommt mir dieser Kuß vor, als hätte er mich, da ihre Lippen die meinen berührten, verzaubert ... Vor allem aber war es so, daß ein weit entfernter Traum mit einem Male Wirklichkeit zu werden schien. Die freundschaftlichen Bande, die ich für sie empfand, fielen von mir ab, tiefes Verlangen brannte in meinem Herzen, und gleichzeitig hatte ich Probleme, den neuen Stand der Dinge richtig einzuordnen.

Von jetzt auf gleich befand ich mich in einer recht prekären Lage. Da war dieses Mädchen, mit der ich schlief, die ich, trotz meiner Sprunghaftigkeit, was Frauen betrifft, zu lieben glaubte, und nun wirbelte Allegras Kuss alles durcheinander.

Noch während ich mir dieser Problematik bewusst wurde, stand mein Entschluss bereits fest. Zu groß war dir Gefahr, daß Allegra, hätte ich sie abgelehnt, spurlos aus meinem Leben verschwinden könnte. Nein! Dieser Kuß, diese harmlose Bezeugung tiefster Sympathie, ihn nahm ich als Unterpfand, als Privileg ... Diese Frau, mir so vertraut und doch so fremd ... Ihre Geheimnisse wollte ich entdecken, wollte mich notfalls unterwerfen, nur für sie ...

Vielleicht können Sie, werter Leser, nachvollziehen, wie sehr mich derartige Gedanken erschreckten, überraschten, verwirrten. Seit ich denken konnte, war ich es, der mit den Gefühlen der Frauen spielte, war ich es das letzte Wort behielt, und war ich es, der eine Beziehung beendete.

Und nun?!? Was passierte damals mit mir? Bis heute habe ich es, der nicht verstanden, warum diese Frau einst zum Mittelpunkt meines Lebens wurde ... durch einen verdammten Kuß ... !

Nach einigen Wochen lebte ich nur noch für sie. Die Besuche bei ihr häuften sich. Wir gingen beide weniger steif miteinander um, alles wurde vertrauter. Doch auch dann hatte ich das Gefühl, ihr mehr wie ein Bruder zu sein, als die Rolle des Liebhabers zu übernehmen.

In diesen Tagen ging als unvermeidliche Konsequenz auch die Beziehung zu meiner damaligen Freundin in die Brüche. Diese Frau, von Allegra nur abwertend als »meine Mätresse« bezeichnet, war ihr ein Dorn im Auge. Sie stellte mich an einem recht heiteren Abend vor die Wahl: Die oder ich! Wie ich mich entschied, wissen Sie – auch daß es für mich gar keine Wahl gab: Allegra!

Generell verstand sie es, mir auf diese Weise nahezu sämtliche Bekannten und Freunde abspenstig zu machen. Nur einige Menschen, die ich gerne als inneren Kreis bezeichnete (bezeichne), sind mir geblieben. Übrigens gab ich ihr zum damaligen Zeitpunkt in jeder Beziehung recht – was brauchte ich schon großartig irgendwelche Typen, solange ich sie, Allegra, an meiner Seite hatte.

Nun werden sich viele Leser fragen: Wann fängt der Kerl endlich an, den Satanismus mit ins Spiel zu bringen?! Hierzu kann ich nur erwähnen, daß dieses Thema im Kapitel »ANSICHTEN« behandelt wird. ALSO: Gemach, Gemach!

Es muß im Februar 2001 gewesen sein, als Allegra mich ansprach, was ich denn von einem Leben in der Ferne halten würde, mit dem Zusatz, ich würde über genügend Geld verfügen, um mir eine solche Extravaganz leisten zu können.

Zuerst war ich geschockt, malte ich mir doch aus, Allegra würde in ihre ursprüngliche Heimat Großbritannien zurückkehren wollen und mich gleichzeitig verlassen. Bevor ich diesen Gedanken laut aussprach, fuhr sie fort, erzählte mir von Rumänien und ebenjener Touristenattraktion, auf die ich bereits im Romanteil dieses Buches eingegangen bin.

Tja, was soll ich sagen? Ich war schon recht angetan ... und äußerst geschmeichelt, daß sie mich dazu auserkoren hatte, sie in die Fremde zu begleiten. Des weiteren ging ich davon aus, das Ganze sei nicht hundertprozentig ernst gemeint und noch lange keine beschlossene Sache. Doch in diesem Punkt sollte ich mich irren. Für Allegra war es beschlossene Sache.

Da ich, wie bereits erwähnt, selbst schon Kenntnis von der Existenz jenes Ortes in Rumänien hatte und meine Angebetete ins Schwärmen verfiel, sobald sie davon sprach, willigte ich, Risiko hin oder her, nach einigen Tagen ein.

Dieser Entschluß meinerseits brachte zunächst ungeahnte und recht erfreuliche Folgen mit sich. Eines Nachts, als Allegra und ich über einen alten Recklinghauser Friedhof schlenderten, was wir oft taten, um Ruhe und Entspannung zu finden, fragte sie mich: »Dani, was hältst du davon, wenn wir heiraten?«

Diese Frage hatte mich beinahe umgeworfen. Heiraten ... Ich stand einer Eheschließung seit jeher mehr als skeptisch gegenüber. Viel zu sehr roch mir das Wort »Heirat« nach biederem Leben, Kindern und üblichen Ehezwistigkeiten. Sicher, mir war durchaus bewußt, daß ich diese Dinge von bzw. mit Allegra nicht zu erwarten hätte, und dennoch ...

Sie tat alles, um meine Bedenken zu zerstreuen. Sie stellte unseren zukünftigen Bund der Ehe als reine Zweckheirat dar. Die Argumente, die sie einfließen ließ, hörten sich durchaus plausibel an. Rumänien, Ostblock, Gleichstellung der Frau mit Füßen getreten, Schwierigkeiten mit den Behörden, schneller Fuß zu fassen ... usw. usw.

Dabei muß ich erwähnen, daß Allegra eine Meisterin des Wortes war.

Ich habe selten einen Menschen getroffen, der allein durch besondere Betonung der Silben dem Wort ein solches Gewicht zukommen läßt. Außerdem stand es ohnehin nicht zur Debatte, daß ich sie hätte allein ziehen lassen. Ich wollte, ich durfte diese Frau nicht verlieren, sie bedeutete mir mehr als mein Leben!

Auch meine Bedenken bezüglich Rumänien zielten mehr auf mein persönliches Umfeld als auf mich selbst. Ich behaupte, daß jeder, der mich näher kannte, genau wußte, wie ich zum Thema Heiraten stand und daß ich stets verlautbaren ließ, mich niemals und egal von welcher Frau vor den Standesbeamten zerren lassen würde.

Plötzlich jedoch sah die Sache anders aus. In Gedanken konnte ich schon die hämischen Gesichter der Arbeitskollegen sehen, wenn sie von meinem Vorhaben erfahren würden. (Oh! Du und heiraten?! Ja, ja, hehehe, wo die Liebe hinfällt ...) Nein – mir grauste regelrecht vor all den schwachen Sprüchen, die ich zuckersüß lächelnd ertragen sollte, und letztendlich teilte ich Allegra dieses auch mit. Sie riet mir, ich sollte zukünftige Anspielungen einfach überhören oder aber den Grund jenes Schrittes verdrängen.

Sicher, hätte ich tun können – jedoch stellte mich dies vor ein neues Problem: Was wäre, wenn Rumänien plötzlich gecancelt würde? Wenn durch irgendwelche Schwierigkeiten die Auswanderungspläne verworfen würden? Zumal, hätte ich meinem Arbeitgeber von der geplanten Auswanderung erzählt, hätte auch eine bevorstehende Kündigung im Raum gestanden.

Undenkbar, daß ich erst großartig von einem neuen Leben jenseits der Karpaten gesponnen und gleichzeitig gekündigt hätte und auf einmal mit leeren Händen dastünde, noch dazu arbeitslos.

Nun, Allegra, die sehr einfühlsam auf all das reagierte, versprach, sich irgend etwas auszudenken, was mir a) keine Probleme bereiten sollte, falls es mit Rumänien wider Erwarten nicht klappen sollte, und b) eine Begründung für die Heirat zu liefern, die meinem doch recht freakigen Image gerecht werden sollte.

Wenige Tage später, wir befanden uns wieder einmal in Allegras Wohnung, hatte sie einen Vorschlag parat, der zwar reichlich hart und durchaus befremdlich klang, doch mir als verkapptem Romantiker sogleich das Herz schmelzen ließ. Sie tat mir kund, daß ich jene Heiratsbegründung, die sie mir damals im Anschluß gab, nicht nur als Farce ansehen solle, sondern daß die folgenden Worte durchaus auch einen ernsthaften Hintergrund hätten, quasi als positiver Nebeneffekt einer Eheschließung galten.

»Sag einfach allen Lästermäulern, wir würden einzig aus dem Grund heiraten, um im Falle eines Falles gemeinsam zur letzten Ruhe gebettet zu werden. Das wird sie alle verstummen lassen.«

Ich muß sagen, ich war fast zu Tränen gerührt – meine Allegra, meine Göttin – dieser Traum von einer Frau wollte mit mir die Ewigkeit verbringen ... Wahnsinn ... Ich weiß nicht, ob man Liebe mittels einer Skala oder sonst wie messen kann, doch von diesem Moment an war ich ihr absolut und mit Haut und Haaren verfallen. Sollte ich diese Frau verlieren, mein Leben verlöre seinen Sinn!

Wiederum nur wenige Tage später, die Arbeitskollegen hatten die Begründung längst, wenn auch verdutzt aufgenommen, kam ich auf die Idee, mir mit einem Kredit einen langgehegten Wunsch zu erfüllen: ein schweres Motorrad!

Meine Überlegungen liefen darauf hinaus, erst den Kredit zu bekommen, dann die Maschine zu kaufen. Kurz vor Reiseantritt wollte ich das Moped wieder abstoßen und das Geld anderweitig verwenden ... Erst mal in Rumänien, tja, was sollte mich da noch ein Kredit kümmern, der in Deutschland offenstand?! Schließlich schloß ich für teures Geld noch eine sogenannte Kreditversicherung ab, die einspringen sollte, falls Rückzahlungsschwierigkeiten auftraten.

Allegra befürwortete dieses Vorhaben sehr. Auch erklärte sie mir, daß mit Rumänien zu hundert Prozent alles klargehen würde. Ich sollte mich einfach auf sie verlassen, der Bank das Geld aus den Rippen leiern und meine sonst einwandfreie Zahlungsmoral ganz einfach über Bord werfen. Des weiteren bat sie mich zu diesem Zeitpunkt um meinen Paß, da sie noch diverse Dinge mit den Behörden zu klären hatte, was Visum etc. betraf. Zugegeben, es wunderte mich schon, daß so wichtige Dinge durch eine Person erledigt werden konnten, die ja auf dem Papier keinerlei Verbindung mit mir hatte, da wir bis dato noch nicht verheiratet waren.

Eine Lüge ist um die halbe Welt
gegangen, bevor die Wahrheit aus
den Startlöchern kommt

Winston Churchill (1874-1965)

Dennoch – ich schüttelte alle Bedenken und Fragen diesbezüglich von mir ab. Allegra war nicht dumm. Sie kannte sich, bedingt durch ihre Kindheit in Großbritannien und auch durch spätere Aufenthalte in Schottland bestens mit den Dingen aus, die im Falle einer Auswanderung anfielen. Warum sich also unnötig Sorgen über etwas machen, wovon man sowieso keine Ahnung hatte?

Auch war ich wie geblendet von der Vorstellung, endlich wieder ein großes Zweirad zu besitzen, und die vielen Schaufenstertouren, die ich mit Allegra zu den örtlichen Motorradhändlern unternahm, löschten schließlich alle noch vorhandenen Zweifel, aus meinem Kopf.

Wie ging es weiter? Der Kredit war schnell beschafft – 20.000 Mark, cash auf die Hand, und auch die Wahl der Maschine stand fest: eine große Suzuki Intruder! Mit Absicht habe ich damals nicht den vollen Betrag für das Moped verwendet. Die paar tausend Mark, die nach dem Kauf übrig blieben, gab ich größtenteils Allegra. Eigentlich als Geschenk gedacht, teilte sie mir mit, daß sie das Geld schon vorab nach Rumänien schicken wolle, aus Gründen, die ich bereits erläutert habe.

Doch auch eine Menge Sachgeschenke ließ ich ihr zukommen. Allegra hatte nämlich eine weitere Vorliebe: Kriegsgerät aus vergangenen Zeiten, wie Dolche, Schwerter, Äxte und allerlei Kram, der zwar als Dekoration äußerst reizvoll ist, jedoch die miese Angewohnheit besitzt, überaus teuer zu sein.

Zu diesem Zeitpunkt jedoch besaß ich die Mittel, auch mal, ohne besonderen Anlaß in ein einschlägiges Geschäft zu gehen, um, ohne einen Gedanken an den Preis zu verschwenden, ein exklusives, prachtvoll gearbeitetes Messer oder gar einige Dolche zu erstehen, von denen zwei später zu trauriger Berühmtheit gelangten.

Ich erinnere mich noch gut an Allegras freudiges Gesicht, wenn ich, so ganz nebenbei, mit derlei Gaben bei ihr erschien. Zwar sagte sie des öfteren, ich sei verrückt, soviel Geld für sie auszugeben, doch wenn ich mit ihr vor dem Fenster eines Waffengeschäftes stand und sie gierig die Auslagen betrachtete, waren ihre Kommentare wie »Wow, das Teil sieht aber extrem schön aus!« für mich wie eine päpstliche Bulle.

Zu diesem Zeitpunkt wurden ihre Bedürfnisse, waren ihre Forderungen, die sie an mich stellte, noch in harmlose Sätze gebettet. Es war ein schleichender Prozess, bis sie ihre Wünsche in einer Art Befehlston an mich weitergab.

»Besorg mir dies, bring mir jenes!«

Im Gegenzug erweiterte sie die körperlichen Kontakte zwischen uns. War sie zuvor noch ausgesprochen zurückhaltend, was gegenseitige Berührungen betraf, ließ sie sich nun vieles gefallen. Zunächst noch ausgesprochen passiv, übernahm sie dann mehr und mehr den aktiveren, tonangebenden Part.

Zwischen heftigen Küssen und neckischen Zungenspielen brach bei ihr, aus welchen Gründen auch immer, ein durchaus brutaler Zug hervor. Vielleicht wollte sie mir ihre Ausnahmestellung vor Augen führen, denn sie besann sich plötzlich auf ihre »vampirischen« Qualitäten.

Ein zarter, angenehmer Liebesbiß steht in keinem Vergleich zu der Kraft, mit welcher sie ihre Zähne in mein Fleisch schlug. Ich erinnere mich, als wäre es gestern gewesen. Gemeinsam mit ihr stand ich am Schlafzimmerfenster, die zweite Falsche Altbier war geleert. Allegras Körper war beinahe im 90 grad Winkel gekrümmt, da sie sich mit den Ellbogen auf der Fensterbank abstützte. Ein wahrlich anmachender Zustand, zumal sie auf die Idee kam mit ihrem Po an meinem Schritt zu reiben. Ich strich ihr über den nackten Rücken, der weiß im Mondlicht schimmerte, und fasste ihr an die in einem Leder-BH steckende Brust, was sie offensichtlich genoss ...

Mit einem mal richtete sie sich auf, fauchte durch das geöffnete Fenster in die Nacht hinaus und wirbelte herum. Überrascht von ihrem plötzlichen Stimmungswechsel sah ich sie an. Ihr Kopf war leicht nach unten geneigt, ihr Blick stach in meine Augen, und ihre Zunge fuhr über gebleckte, weiße Zähne. Schwer atmend verringerte sie den Abstand ihres Mundes zu meinem Hals.

In dieser Situation fühlte ich mich äußerst seltsam. Ich kam mir vor wie ein Typ in jenen unsäglichen High-School-Filmen, der irgendwo eine tolle Braut aufriss, die sich dann, oh Graus, als Vampir entpuppte. Sie hob ihren linken Arm, schob ihn langsam nach vorne, passierte mit der Hand meine Schulter und griff dann fest in meinen Haarschopf.

Natürlich hätte ich mich aus dieser Lage befreien können, doch danach stand mir nicht der Sinn. Statt dessen ließ ich sie gewähren, spürte ihren heißen Atem auf meiner Haut, ihre Lippen jagten Schauer über meinen Rücken, bis sie den Kiefer weit öffnete und ihre Zähne in meinen Hals schlug.

Ein heftiger Schmerz schoss mir durch die Wirbelsäule bis in die letzte Faser meines Fleisches. Ein warmes Rinnsal meines Blutes bahnte sich den Weg über den Hals und wurde vom Kragen meines Longsleeves aufgesogen. Nach Sekunden verebbte der wütende Schmerz, doch Allegra ließ nicht von mir ab. Sie schob mich rückwärts aufs Bett. Den Mund an die noch immer heftig blutende Wunde gepresst, kniete sie sich neben mich und saugte die Tropfen des roten Lebenssaftes in sich auf.

Ich weiß nicht wie viele Menschen Erfahrungen mit derart heftigen Bissen haben (und ich meine *wirklich* heftig), doch hat diese Art des Liebesspiels einen starken Reiz. Es zeugt von absoluter Hingabe dem Partner gegenüber, von einem »Sich-Fallen-lassen«, von uneingeschränktem und absolutem Vertrauen. Dazu kommt ein nicht unerheblicher Hauch von Gefahr, denn was geschieht, sollte die Halsschlagader durch einen Zahn zerfetzt werden, brauche ich an dieser Stelle wohl nicht aufzuführen.

Ich empfand diesen Schmerz, dieses Vergießen meines Blutes jedoch nicht als bedrohlich. Vielmehr sah ich Allegra in der Rolle eines Wolfes, der mit einem Biß in die Kehle des Unterworfenen seine Macht demonstriert.

Sie dürfen nicht annehmen. daß ich mir nicht darüber bewusst gewesen wäre, sie, rein körperlich bedingt, zu jeder Zeit hätte kampfunfähig machen können. Aber darum ging es nicht. Nach diesem ersten, schweren Biss, der mir etliche Tage später noch widerliche Schmerzen bereitete, folgten weitere mal zärtliche, mal fordernde Machtbekundungen ihrerseits, die fast ausschließlich auf meinen Hals abzielten. Selbst heute noch, da ich diese Zeilen schreibe, kann ich die Verletzungen des Muskelgewebes mit dem Finger ertasten. Meine anfängliche Abneigung gegen diese Art der Schmerzen, begann sich in Verlangen, in wilde Begierde zu verwandeln. Diese Frau, diese Königin der Nacht sollte wissen, daß ich ihr ganz und gar gehörte, daß ich die Qualen, die sie mir zufügte, geduldig und nur für sie ertrug.

Die Zeit ging ins Land. Allegra, augenscheinlich tagsüber in zig verschiedene Geschäfte verwickelt, die unserem Rumänienaufenthalt dienlich sein sollten, weilte des Nachts an meiner Seite. In diesen Tagen hatte ich sehr mit ihren Launen zu kämpfen. Oftmals ging sie völlig ohne Grund in die Luft, brüllte herum, um kurz darauf stundenlang kein Wort mit mir zu wechseln. In diesen Stunden litt ich sehr. Selten verriet sie mir, was genau denn ihr Mißfallen erregt hatte, und selbst dann war an eine schnelle Besänftigung nicht zu denken.

Eines Nachts machte sie mir eine mordsmäßige Szene, was ich mir denn erlauben würde, in einer Metal-Kneipe mit der Kellnerin zu flirten. Ich war mir keiner Schuld bewußt, und letztendlich stellte sich heraus, daß das Flirten ein belangloser Wortwechsel war, den ich mit der Thekenmaus geführt hatte, dazu noch ein Lächeln – und fertig war der Flirt. Zumindest in Allegras Augen ...

Ich möchte an dieser Stelle auch nicht weiter darauf eingehen – zu infantil erscheinen mir die Probleme der damaligen Zeit.

Nichtsdestotrotz: Der Tag der Heirat rückte näher. Allegra wollte unbedingt am 06.06. vor den Standesbeamten treten.

»Entweder an diesem Tag oder gar nicht!« waren ihre Worte, und in mir machte sich sofort eine leichte Panik breit. Was wäre gewesen, wenn alle Trauungstermine für diesen Tag bereits vergeben waren?! Wäre Rumänien dann ins Wasser gefallen und wäre ich dann auf den Schulden, die ich mit dem Motorrad gemacht hatte, sitzengeblieben? Bis heute habe ich keine Antwort auf diese Fragen.

Ich weiß nicht mehr genau, an welchem Tag wir gemeinsam das Aufgebot bestellten. Es könnte Mitte April 2001 gewesen sein. Vorher klärte ich telefonisch ab, welche Unterlagen denn für eine Heirat vonnöten waren.

Nun, dass die Heirat an diesem Tag stattgefunden hat, ist bekannt. Alles lief, wie Allegra es sich vorgestellt hat – sie war zufrieden, ich war beruhigt.

Unterdessen kam ihr der Gedanke, eine Abschiedspartie zu geben. »Die muß sein», beschloß sie. Ihre Überlegungen gingen dabei in folgende Richtung: Da sie Sozialhilfe (oder Arbeitslosenhilfe) bezog, würden diese Bezüge nach einer Heirat bedeutend geringer ausfallen, als gewohnt. Aus diesem Grund wollte sie die Reise nach Rumänien recht schnell, quasi sobald die Eheschließung vollzogen war, antreten. Das war für mich auch unschwer nachvollziehbar. Ich für meinen Teil hatte als letzten Arbeitstag den 30.06. ausgemacht. Auf diese Art konnte ich noch ein volles Monatsgehalt einstreichen. Nach Berücksichtigung all jener Faktoren entschloss sich Allegra, am 07.07.2001 aufzubrechen und die Abschiedsparty für den 06.07. anzusetzen.

Die Party sollte für alle Beteiligten eine große Überraschung werden. Allegra tat in diesem Punkt recht geheimnisvoll. Sie sagte nur etwas von »Echt riesig!« und »Das wird schweinegeil, vertrau mir nur.« Sie fertigte sogar eigens V.I.P.-Pässe an, und bei der Vergabe eines solchen Passes an eine Kellnerin war ich auch persönlich zugegen.

Wie ich einige Zeilen zuvor schon habe anklingen lassen, war Allegras Gemütszustand in diesen Tagen reichlich labil. Der traurige Höhepunkt diesbezüglich wurde erreicht, als sie zwei Tage verschwunden war, und sich herausstellte, daß man sie zur Beobachtung in eine Psychiatrie eingeliefert hatte.

Ich kenne die wahren Umstände nicht, sondern kann an dieser Stelle nur wiedergeben, was sie mir darüber berichtete. Es verhielt sich wohl so, daß sie, während sie mit Freunden unterwegs war, einen Tobsuchtsanfall erlitt, ihr schwarz vor Augen, wurde und sie später, an ein Bett gefesselt, in einer psychiatrischen Klink wieder zu sich kam. Sie erzählte mir, man habe ihr gar einen Beißschutz anlegen wollen, für den Fall, daß sie mit ihren Fängen nach dem Pflegepersonal schnappen würde.

Damals war ich zutiefst bestürzt und auch erschrocken, daß es ihr derartig schlecht ging, und machte mir große Sorgen. Allegra jedoch wiegelte ab: alles halb so wild, könne doch mal vorkommen, mach dir keinen Kopf, usw. Weiter teilte sie mir mit, daß sie sich zwar nicht erklären könne, woher dieser Anfall plötzlich gekommen sei, doch im Moment sei alles wieder in bester Ordnung, da man ihr einige Smarties (Arzneipillen) mit auf den Weg gegeben hatte, und zudem wolle sie sich in ambulante Behandlung geben.

Etwa in diesen Tagen begann Allegra, sich selbst Verletzungen zuzufügen. Nichts Gravierendes, kleine, zarte Schnitte auf der Haut, diese jedoch gut sichtbar an Stellen wie Gesicht, Hals oder den Armen. Dieses oberflächliche Zertrennen der Hautschichten wirkte beinahe wie professionell aufgetragene Schminke, zumindest dann, wenn man die rot schimmernden Linien aus einiger Entfernung betrachtete.

Nun mag man dazu stehen, wie man will – diese Art der Körperverzierung sah ausgesprochen reizvoll aus und versprühte eine gewisse Wildheit, fast wie ein geheimnisvoller Ritus eines Eingeborenenstammes mit schwer nachvollziehbarer Lebensart.

Auf meine Frage, warum sie sich denn neuerdings die Haut ritze, gab sie mir zu verstehen, daß an ihr »alles echt« sein müsse, wenn sie den Drang verspürte, sich bizarre Muster im Gesicht zu legen. Ein weiterer Aspekt war, daß sie sich von den Menschen abgrenzen wollte, zumindest von jenen, die nicht »hart« (!) genug seien, sich mit Schnitten zu verschönern, und statt dessen Schminke benutzten, um einen ähnlichen Effekt zu erzielen.

Ihre Antworten stellten mich vor ein Problem. Würde ich mich nicht zu sehr von Allegra abgrenzen, wenn ich mit reinem, glattem Gesicht neben ihr stünde, während sie eine Maske aus Puder und kleinen Wunden trug? Würde sie nicht erwarten, daß ich, als ihr Mann, mich nun auch in diesem Schritt solidarisch zeigte?

Der Haken an der Sache war meine Arbeitsstelle. Mein damaliger Chef mußte sowieso schon viel vertragen, wenn ich in regelmäßigen Abständen mit »frisch zerbissenem Hals« hinter der Verkaufstheke stand, und natürlich fiel dieser eigentümliche Look auch den Kunden auf, die ich bediente. Ich hoffte, daß ich die restliche Zeit, die ich bis zum letzten Arbeitstag in dem Geschäft verbringen sollte, ohne Probleme oder gar einem vorzeitigen Rausschmiß hinter mich bringen konnte.

Noch während ich in diesen Überlegungen steckte, »erleichterte« Allegra mir die Entscheidung, indem sie anklingen ließ, wie »toll« mir doch eine Schrift zu Gesicht stehen würde, die man mit dem Messer schrieb ...

Nun, ich muß sagen, es ist wahrlich nichts dabei, sich mit scharfer Klinge ein wenig die Haut zu ritzen. Narben bleiben nicht zurück, und auf einem besonderen Event, auf dem sowieso der Großteil der Leute aussieht, als kämen sie aus dem Irrenhaus, fällt man mit derartigen Verzierungen fast nicht mehr auf. Dennoch – die Nachteile, die solche Handlungen hervorrufen, sind höchst unangenehm. Zum einen trägt man sie tagelang mit sich herum, gilt im »normalen Leben« als Freak, und aus psychologischer Sicht wird einem direkt ein Borderline-Syndrom angedichtet, was ich zu diesem Zeitpunkt als reichlich ärgerlich empfand.

Aber: Es galt, Allegra zufriedenzustellen! Dies genoss oberste Priorität, diesen Gedanken machte ich zu meiner Maxime! Hinweise von Menschen, die sich in meinem direkten Umfeld bewegten – Eltern, Kollegen usw. – ignorierte ich vollends. Augenscheinlich gut gemeinte Ratschläge, es doch ein wenig gemäßigter anzugehen, schoss ich direkt in den Wind.

Ich dachte mir damals: Was wissen die schon?! Ich hatte Allegra, und diese Frau galt es *zufriedenzustellen,* ihre Gunst galt es zu erhalten, und nichts anderes! Die Meinungen der Leute interessierten mich einen Dreck!

Eines Tages, wir fuhren gerade durch Gelsenkirchen, nachdem wir einen guten Bekannten meinerseits besucht hatten, fragte sie mich, ob ich genügend Geld dabeihätte. Sie würde gerne zu einem Baumarkt fahren, da sie sich diverse Dinge zulegen wollte.

Nun, am Geld sollte es nicht liegen, und ich kurvte so lange herum, bis ein großer Heimwerkermarkt in Sicht kam. Im Geschäft selbst erklärte sie, daß sie etwas haben wollte, das der großen Sense, die sie bereits im Wohnzimmer stehen hatte, rein optisch gleichkam und Allegras Wohnraum zu noch mehr Stil verhelfen sollte.

Nach schier endlosem Abklappern des Regalsortiments entschied sie sich für eine wuchtige Spaltaxt sowie eine große Mistforke. »Schwarz-matt lackiert macht das ungemein was her«, begründete sie ihre Wahl. Den Kauf einer Grassichel verwarf sie, da ihr das Gerät als zu mickerig erschien. Ebenso legte sie ein Päckchen Teppichmesserklingen sowie einen äußerst teuren Kevlarhammer in den Einkaufswagen.

Als wir nach dem Einkauf wieder im Auto saßen, hatte ich mit einigem Unmut zu kämpfen, der bedrohlich in mir zu schwellen begann. Der Grund: Mein alter Herr besitzt Unmengen an Werkzeug, auch schweres Gerät, für das er heutzutage kaum mehr Verwendung hat. Es wäre ein leichtes gewesen, an diese Dinge heranzukommen, gratis oder für kleines Geld. Statt dessen gab ich haufenweise Kohle für Dinge aus, die letzten Endes als »Zierat« in einer Wohnung stehen sollten, die in absehbarer Zeit ohnehin aufgegeben wurde.

Die Zeit verstrich. Allegras Ideen wurden in den letzten Wochen, die wir in Deutschland verbringen sollten, immer abstruser. Den letzten Clou leistete sie sich, als sie verlautbaren ließ, es würde ihr gefallen, wenn einige Ketten von der Wohnzimmerdecke baumeln würden. Auf Nachfrage meinerseits, welchen Sinn denn eine solche Apparatur haben sollte, genügte mir ihre Aussage »Coole Erinnerungsfotos an die Zeit in Witten – außerdem knallt die Optik!« als Antwort.

Letztendlich kamen doch noch Probleme auf mich zu, was meine Arbeitsstelle, insbesondere meine Arbeitszeiten anging. Allegra mißfiel die Moral, mit der ich meinem Job nachging. Nach ihrer Auffassung sollte ich, da ich die Kündigung längst eingereicht hatte, nun auch des öfteren mal »blau machen« oder einen gelben »Urlaubsschein« einreichen.

Nun, theoretisch hatte sie recht – die Kündigung war durch, warum sollte ich mich also noch großartig um Belange kümmern, die die Firma angingen? Dennoch »blau machen« kam für mich nicht in Frage. Um Allegra dennoch zufriedenzustellen suchte ich meinen Hausarzt auf, simulierte eine Magen-Darm-Grippe und erhielt einige wenige Tage krankheitsbedingten Urlaub.

Allegra schien dies immer noch nicht zu genügen.

»Was wollen die denn noch von dir?! Du hast schließlich gekündigt! An deiner Stelle würde ich dort überhaupt nicht mehr erscheinen!?« Dies waren die Worte, mit denen sie mir beständig in den Ohren lag.

Glücklicherweise blieben nicht mehr allzu viele Tage, die uns von Rumänien trennten, und das Argument, das ich zumindest noch ein volles Gehalt einstreichen wollte, zog dann auch bei meiner Angebeteten. Schließlich lief der Bankkredit weiter, und da an jedem Monatsersten eine Abbuchung des fälligen Ratenbetrages erfolgte, wollte ich unnötigen Problemen aus dem Weg gehen, da wir bis zum 07.07. noch in Deutschland sein sollten.

Eines Tages brachte ich mit Allegra ihre Haustiere, besagtes Meerschwein sowie ihr Kaninchen, zu einem ihrer Bekannten, wo die Nager fortan ein neues Zuhause haben sollten. Ursprünglich hatte sie vorgehabt, die Tiere samt Käfigen mitzunehmen, entschied sich dann doch dagegen, faselte von zuviel Verantwortung und zu wenig Zeit. Außerdem wollte sie ihren Lieblingen die Strapazen der langen Autofahrt nicht zumuten.

Um den Umzug an sich sollte ich mir generell keine Sorgen machen. Nach meinem Kenntnisstand wären wir nämlich nicht allein gen Osten aufgebrochen, sondern mit Leuten, die uns in einem Lieferwagen gefolgt oder aber die vorausgefahren wären. Weder wußte ich, wer diese Menschen sein sollten, noch, in welcher Verbindung sie zu Allegra standen. Wahrscheinlich wären es ebenjene Typen gewesen, die am Nachmittag des 07.07. sämtliche meiner Anziehsachen sowie diverse andere Dinge, die ich besaß, verpackt und in den Lieferwagen geladen hätten – quasi ein persönliches Umzugsteam.

Meinen Eltern, bei denen ich bis zu diesem Zeitpunkt noch gewohnt hatte, teilte ich vorab mit, daß ich gegen 16 Uhr des besagten Tages bei ihnen erscheinen würde, um den geplanten Auszug hinter mich zu bringen. Nun, dazu ist es nie gekommen ...

Wie dem auch sei, bald verkaufte ich mein Motorrad, das erst knapp über tausend Kilometer auf der Uhr hatte, und verwendete den erzielten Erlös, der weit unter Wert lag wie folgt: Den Großteil des Geldes erhielt (wer wohl?): Allegra. Man kann sagen, zu treuen Händen. Ich mischte mich nie in die Vorgänge, durch welche diverse Geldsummen nach Rumänien transferiert wurden. Auch in dieser Hinsicht schenkte ich ihr mein absolutes Vertrauen. Des weiteren machte ich ihr noch einige kostspielige Geschenke unter anderem zwei Walther P99-Pistolen (für Fotozwecke standen Schusswaffen hoch im Kurs), einen Dolch in fernöstlichem Drachendesign (den sie jedoch an ihren Vater weiterverschenkte) so wie etliche CDs.

Natürlich machte ich mir auch Gedanken um Dinge, die mich selbst betrafen und die ich möglicherweise in Rumänien nicht kaufen könnte. Also klapperte ich Geschäfte ab, die ein vielfältiges Sortiment an raren Black/Death-Metal-CDs, wie auch eine größere Auswahl an Anziehsachen anboten. Ich kaufte quasi auf Vorrat, Unmengen an Tonträgern und T-Shirts sowie Longsleeves, die von den meisten Bands als Merchandisingprodukte auf den Markt geworfen wurden.

Weiterhin rüstete ich meine Car-HiFi-Anlage auf, erstand auf die Schnelle eine riesige Zwei-Kanal-Endstufe und den größten Subwoofer, den der

MediaMarkt Recklinghausen seinerzeit auf Lager hatte. Ferner legte ich mir eine Playstation sowie diverse Spiele zu, obwohl ich schon seit langem kein erklärter Fan derartiger Konsolen mehr bin. Dennoch – was ich hatte, hatte ich, und ein wenig Kurzweil wäre trotz des augenscheinlichen Traumjobs mit Sicherheit nicht verkehrt.

Um die Verköstigung sicherzustellen, besorgte ich noch eine elektrische Kochplatte, wie man sie in Singlehaushalten ab und an zu sehen kriegte. Da ich der osteuropäischen Küche eher mißtraute, hätte ich im Fall der Fälle notfalls selber den Kochlöffel geschwungen.

Später leistete ich mir, angespornt durch Allegras Drängen, eine besondere Extravaganz, indem ich mir, zusätzlich zu den bereits vorhandenen, vier weitere Piercings stechen lies.

Allegra war hochzufrieden mit mir. All ihre Veränderungsvorschläge, die sie sich für mein Äußeres ausgedacht hatte, hatte ich ausgeführt. Ich trug meine Glatze, besaß spitz zugefeilte Fingernägel und den besagten Metallschmuck im Gesicht. Der Blick in den Spiegel war zwar reichlich fremd, aber nicht bedrohlich – allenfalls anders. Hauptsache, Allegra gefiel es. Ich kann nicht sagen, was ich noch hätte mit mir machen lassen. Vermutlich wäre ich zum damaligen Zeitpunkt auch bereit gewesen, mir auf ihr Bitten die Ohren spitz zuschneiden zu lassen, wenn sie es gewünscht hätte ...

Ich hoffe, ich konnte Ihnen, verehrte Leserschaft, einen Einblick vermitteln, wie sehr ich Allegra vergötterte, wie sehr ich sie über meine persönlichen Belange stellte und was sie damals für eine immense Bedeutung für mich hatte. Ich scheue mich, dieses Wort zu Papier zu bringen, doch heute weiß ich, daß ich ihr in jeder Hinsicht *hörig* war.

Ich möchte nun jene Frage wieder aufgreifen, die ich im Kapitel „Ich spreche für mich» gestellt habe: Was bleibt, wenn Ihnen *alles* genommen wird?

Haben Sie eine Antwort finden können? Ich helfe Ihnen auf die Sprünge: Nur die LIEBE hat Bestand! Plötzlich waren die Gefühle, die mit diesen fünf Buchstaben zusammengefasst werden, das einzige auf der Welt, das ich noch besaß.

Allegra hatte Schritt für Schritt, nachdem sie erkannt hatte, wieviel sie mir bedeutete, mein Leben demontiert. Sie ging mit mir die Ehe ein, sie nutzte meine Abenteuerlust für ihre eigenen, kranken Ideen. Sie brachte mich dazu, den hochverzinsten Kredit aufzunehmen, redete mir den Großteil meiner Freunde aus, nahm ohne Skrupel Tausende von Mark von mir entgegen, wohlwissend, daß »Rumänien« ein reines Hirngespinst war, und brachte mich unter Vortäuschung falscher Tatsachen letztendlich dazu, meinen Job zu kündigen, in welchem ich eine Filialleiterstelle in Aussicht hatte.

Mit einemmal, an jenem furchtbaren Abend, als mir bewußt wurde, daß Frankie nicht mehr unter den Lebenden weilte, stand ich vor dem absoluten und allumfassenden Nichts! Einzig Allegra war mir geblieben.

Erschwerend kam hinzu, daß der Gedanke, Allegra könnte irgend etwas mit Frankies Tod zu tun haben, für mich lange Zeit ein völliges Absurdum darstellte. Ich wollte es einfach nicht wahrhaben, erstickte jeden aufkeimenden Funken, der Allegras Unschuld in Frage gestellt hätte, schon im Entstehen.

Heute, über zwanzig Monate nach diesem abscheulichen Mord, habe ich mir schon mehrfach die Frage gestellt, warum ich nicht einfach gegangen bin, zur Polizei oder zu irgend jemandem, dem ich mich hätte anvertrauen können. Mit Sicherheit wäre dies die klügste Entscheidung gewesen.

Dennoch – selbst Stunden nach Frankies Tod hatte ich noch immer jene Party im Kopf, die ja eigentlich an diesem Abend hätte stattfinden sollen ... Meine Gedanken führten mich letztendlich immer wieder an denselben Punkt: Allegra hat damit nichts zu tun. Egal, was passiert ist – Allegra, dieser von den Göttern gesandte Engel, hat *damit* nichts zu tun!

Das war auch der Grund, weshalb ich mich mit ihr auf eine Irrfahrt durch Deutschland begab. Zwar wäre es ein leichtes gewesen, an eine scharfe Waffe heranzukommen, auf daß Allegra sich ihren Wunsch zu Sterben hätte erfüllen können, doch was wäre dann aus mir geworden? Ich wollte Allegra nicht gehen lassen, fuhr durch die Lande und hegte die beständige Hoffnung, daß die Polizei schon irgendwo einen geständigen Täter aufgegriffen habe und somit (fast) alles wieder in Ordnung käme ... bis auf den armen Frankie ...

Vielleicht können Sie nun begreifen, welchen Stich es mir versetzte, als Allegra mir ihre Absicht zu sterben mitteilte. Dies durfte einfach nicht geschehen!

Da ich sie (idiotischerweise) als völlig unbeteiligt an diesem Mord ansah, war ich bereit, für meine Frau das größtmögliche Opfer zu bringen, das zu geben ich in der Lage war. Ich hätte, im Ernstfall, alle Schuld auf mich genommen und damit mein Leben für immer zerstört.

Lesen Sie nun im nächsten Kapitel von den Ereignissen im Bochumer Polizeipräsidium. Erfahren Sie von meinen Aussagen, die weder mich noch

Allegra oder einen Dritten be- oder entlasten, und warum ich meine Worte so wählte.

STEGREIF – Gib mir Deine Schuld

Die Fahrstuhltür glitt langsam zu. Innerhalb der Kabine stand ich, in einem abgegrenzten Bereich. Panzerglas trennte mich von zwei Polizisten. Sinn dieser Fahrstuhlfahrt war es, mich vom Erdgeschoß des Polizeipräsidiums Bochum in ein höhergelegenes Stockwerk zu befördern, dorthin, wo die Mordkommission ihren Sitz hatte.

Nach wenigen Sekunden öffneten sich die Türen wieder, man ließ mich auf einen Flur treten, wo mich zwei Kripobeamte in Empfang nahmen. Im Schneckentempo trottete ich den Gang hinunter. Ich trug zu diesem Zeitpunkt einen viel zu kleinen Trainingsanzug, Hand- und Fußschellen. Barfuß passierte ich einige Glastüren, bis ich endlich vor den Büroräumen stand, in denen ich verhört werden sollte.

Allegra brachte man damals in einen Nebenraum, wo sie dasselbe Schicksal erwartete, das mir nun bevorstand.

Schon im Vorfeld hatte ich, was die Aussage betrifft, ein Problem. Was sollte ich sagen? Sollte ich überhaupt eine Aussage machen? Mein absolutes Vertrauen gehörte noch immer ungebrochen meiner damaligen Frau. Ich erlag dem Irrglauben, daß sich diese üble Geschichte bald aufklären sollte, Allegra die Sache richtig stellen und ich alsbald wieder ein freier Mann sein würde.

Dem entgegen standen jedoch meine Gefühle zu ihr. Durfte ich es zulassen, daß die Liebe meines Lebens eingesperrt wurde und ihre Schönheit hinter dicken Gefängnismauern mehr und mehr dahinwelkte? Nein, das durfte nicht sein! Doch was sollte ich tun?

Ich besaß keinerlei Informationen, konnte zu den Geschehnissen des 06.07.2002 keinerlei Angaben machen. Selbst heute ist es für mich ein Rätsel, wie Frankie zu Tode kam. Folglich gab es nur eine Möglichkeit: Ich mußte auf etwaige *Fragen* so antworten, daß es weder für Allegra noch für mich von Nachteil wäre.

Ich bot durch meine Aussagen Allegra quasi einen „Freifahrschein», hätte es in Kauf genommen, aus purer Hingabe zu ihr, mir diesen Mord in die Schuhe schieben zu lassen. Zu diesem Zeitpunkt war ich tatsächlich bereit, sogar die Todesstrafe (hätte sie verhängt werden können) für diese Frau mit Freuden auf mich zu nehmen. Hauptsache, Allegra hätte die Freiheit wieder.

Außerdem betrachtete ich das bevorstehende Polizeiverhör wie ein Spiel. Genau genommen – was sollte mir schon passieren? Ich wußte, an meinen

Händen klebte kein Blut. Aufgrund dieser Tatsache sah ich den Dingen, die da kommen sollten, äußerst entspannt entgegen.

Dennoch dürfen Sie, geschätzter Leser, eines nicht vergessen: Frankie wurde ermordet, noch dazu in einer Wohnung, in der auch ich anwesend war. Hinzu kommt, daß, wenn man einen Menschen, wie Allegra so sehr liebt, wie ich es tat, in einer Form, die nur mit dem Wort »hörig« umschrieben werden kann, ist man einfach nicht in der Lage, diesem Menschen etwas Schlechtes zuzutrauen. Ich legte mich also auf Gedeih und Verderb in Allegras Hände.

Hätte sie gesagt, sie habe mit dem Mord nichts zu tun, wäre aufgrund meiner eigenen Aussagen sämtliche Schuld an mir haften geblieben. Hätte sie jedoch zu Protokoll gegeben, daß ich mit dieser Sache in keinerlei Verbindung stehe, wäre ihr (oder aber anderen, dritten Personen) alle Schuld zugefallen.

Auch darf man einen Punkt nicht außer acht lassen: Ein Mord bedeutet für den Täter eine lebenslängliche Freiheitsstrafe, was im »günstigsten« Fall 15 Jahre Haft nach sich zieht. Liebe hin, Liebe her, es lag mir auch zum damaligen Zeitpunkt fern, mein Leben von vornherein auf den Müll zu werfen.

Mal angenommen, ich hätte behauptet, Frankies Tod läge in meiner Verantwortung, dann hätte mich dieser Ausspruch vor weitere Probleme gestellt.

Erstens hatte ich keine Ahnung, wie sich der Mordvorgang abgespielt hatte. Folglich hätte ich irgend etwas erfinden müssen, um die Polizei zu überzeugen, daß ich der alleinige Täter war. Dies ist jedoch nicht möglich gewesen, da mir das sogenannte Insiderwissen zum Tathergang fehlte. Ein Lügengebilde, geformt während des Verhörs, wäre also nach kurzer Zeit zusammengebrochen, und meine Glaubwürdigkeit wäre dahin.

Zweitens entzog sich zum damaligen Zeitpunkt gänzlich meiner Kenntnis, was Allegra, die parallel zu mir verhört wurde, zu Protokoll gab. Theoretisch hätte sie mich schließlich völlig aus der Verantwortung nehmen können, indem sie schlicht die Wahrheit gesagt hätte. In diesem Fall hätte ich mir, wenn ich alle Schuld auf mich genommen hätte, um diese göttliche Frau (zumindest aus meiner damaligen Sicht) zu entlasten und in Freiheit zu sehen, ein verhängnisvolles Eigentor geschossen.

Also improvisierte ich meine Aussage aus dem Stegreif. Die wenigen Anhaltspunkte, die ich besaß (Abschiedsparty, den diktierten Brief, Kündigung,), sowie auch einen von Allegras Sätzen, den sie während unserer Irrfahrt durch Deutschland des öfteren von sich gegeben hatte: »He only died for Satan!«, verpackte ich, so gut es eben ging, in meine Aussage - immer darauf bedacht so ausweichend und unverfänglich wie möglich zu antworten.

Zunächst jedoch will ich einige Parallelen ziehen zwischen Allegras Aussage und der meinen. Dies ist notwendig, um die Zusammenhänge zu begreifen.

Vorweg die Informationen, die ich besaß und die ich polizeitauglich verwenden konnte:

Frankies Tod
Die Abschiedsparty
Satanistische Motive (?!?)
Irrfahrt durch Deutschland
Tagesablauf des 06.07., vor Frankies Tod
Allegra an sich

Weiterhin die Infos von denen ich glaubte, daß Allegra sie besaß:

Wie kam Frankie zu Tode
Wer ist in diese Tat verwickelt
Die nicht existente Abschiedsparty
Die Auswanderung nach Rumänien, die nur *vorgetäuscht* war
Tagesablauf des 06.07., vor Frankies Tod
Satanistische Motive (?!?)
Irrfahrt durch Deutschland
Infos zu meiner Person

Die Zusammenhänge, die zwischen ihrer und meiner Aussage bestehen, sind, bei Licht betrachtet, nichts wert und halten keinem kritischen Vergleich stand. Trotzdem gibt es klare Gründe, wie eine ansatzweise Deckung der Aussagen zustande kommen konnte.

Zum einen ist da der »Satanismus«. Allegras oft wiederholter, englischer Satz (sie sprach des öfteren in englischer Sprache, was ich damals ihrer britischen Herkunft zuschrieb): »He only died for Satan« nutzte ich im Verhör für mich. Was lag näher, dieser gräßlichen Tat einen mystischen Hintergrund zu geben oder aber diesen Aspekt zu nutzen, um Allegra nicht und niemals in Verbindung mit diesem Mord zu bringen? Ich handelte quasi auf »gut Glück«, als ich jene Art des Glaubens mit einfließen ließ.

Allegra hatte generell ein leichtes Spiel, ihre Angaben zu formen. Ich kann nicht, wie bereits zuvor beschrieben, sagen, ob sie dieses Verbrechen allein oder mit Hilfe einiger ihrer Getreuen beging und ob die fürwahr genialen Lügen, die sie mir verkaufte, allein ihrem Kopf entsprungen sind. Dennoch konnte sie diese Unwahrheiten exzellent für ihre Zwecke nutzen.

Zunächst gab sie an, Frankie für »Satan« geopfert zu haben. Sie ließ die Party, zu der Frankie ursprünglich eingeladen war, als Vorwand für dessen Anwesendheit einfließen.

Doch jetzt kommt der Knackpunkt.

Ich bin nämlich felsenfest davon überzeugt, daß der Tötungsvorgang, durch welchen Frankie aus dem Leben gerissen wurde, sich vom Ablauf her beinahe so verhält wie von ihr beschrieben – nur mit dem Unterschied, daß nicht ich den Hammer schwang, sondern eine weitere Person, die im Treppenhaus auf ihren Einsatz gewartet hatte.

Was liegt näher als die Vermutung? Allegra ging des öfteren hinaus, telefonierte und schickte mich ins Schlafzimmer, um Frankie einen freakigen »Anstrich« zu verpassen.

In ihrer Aussage gibt sie sogar zu, einige Male in den Flur gegangen zu sein und telefoniert zu haben!

Wie leicht fällt es dann, einen gedungenen Mörder oder Gehilfen gegen mich auszutauschen?!

Weiter im Text. Stellen Sie sich folgende Fragen:

Welcher Idiot würde einen Menschen töten,
a) der einer seiner besten Freunde ist?
b) bar jeglichen Motivs ?
c) quasi in der eigenen Wohnung?
d) und die Tatwaffen zurücklassen?
e) auf diese Art und Weise?

Fragen Sie sich weiter:

Warum rüstete ich, eine Woche bevor Frankie seinen Tod fand, für viel Geld die HiFi-Anlage meines Wagens auf??

Warum sagte ich meinen Eltern, sie sollten sich für den 07.07. bereithalten, da ich an diesem Tag mein restliches Hab und Gut aus deren Wohnung holen wollte?

Warum besorgte ich mir kurzfristig eine nagelneue Kochplatte, die sich auch in der Mordwohnung befand, die die Polizei jedoch schlichtweg als Beweismittel übersah?

Warum kaufte ich mir, ebenfalls wenige Tage vor dem Mord, noch eine

Playstation, Berge von CDs und Kleidungsstücke??

Warum hätte ich den Koffer mit Hunderten von Tonträgern in Allegras Wohnung bringen sollen, wenn nicht aus dem Grund diese hochwertigen Dinge auf der bevorstehenden Fahrt nach Rumänien in meinem unmittelbaren Besitz haben zu wollen, da ich Allegras »Umzugsteam« nicht kannte??

Nennen sie mir einen verdammten Grund, weshalb ich Frankie auch nur ein Haar hätte krümmen sollen?!

Zurück zu meiner Aussage. Im Anhang dieses Tatsachenberichtes finden Sie das polizeiliche Vernehmungsprotokoll. Sicherlich wird Ihnen auffallen, wie oft ich, anstelle von Namen oder Personen, das Wort Satan in den Mund nahm. Bei genauerer Betrachtung wird Ihnen auffallen, daß diese fünf Buchstaben quasi als Platzhalter für eine Person dienen könnten ... Hat irgend jemand diese Möglichkeit mal in Betracht gezogen??

Man muß sich in diesem Zusammenhang nämlich eines vor Augen halten: die sich aufdrängende Möglichkeit eines weiteren Beteiligten, einer Person, die (noch) im Dunkel steht ...

Aufgabe: Setzen Sie sich vor zwei Polizisten, und reden Sie von einem Mordfall, an dem Sie nicht beteiligt waren! Einschränkung: schützen Sie unter allen Umständen die Person, die Sie lieben!

Wie schon zuvor erwähnt, habe ich viele Angaben quasi spontan »aus dem Hut gezaubert«. So passten mir beispielsweise die Daten der Heirat wie auch das Datum jenes furchtbaren Tages gut in den Kram: 06. Juni, 06. Juli. In Zahlen: 06.06, 06.07.

Ich muß sagen als ich anfing, den beiden Kommissaren, die mich damals verhörten, diese wirre Geschichte, von »6667« sowie von Visionen, die ich direkt aus der Gehenna empfangen hatte, zu erzählen, kam ich mir ein ums andere Mal mehr als dümmlich vor. Doch was sollte ich tun? Ich ging ja davon aus, Allegra würd`s schon richten und die wahren Täter ans Messer liefern.

Das Problem bei der ganzen Sache war, daß ich mit ihr zusammen diese Irrfahrt durch Deutschland unternommen hatte. Auch muß ich den Ermittlern recht geben, wenn sie davon ausgingen, ich würde in dem Mord mit drinstecken. Ich meine, wer hätte dies nicht angenommen?

Des weiteren muß ich Ihnen, lieber Leser, einen zusätzlichen, äußerst unfeinen Aspekt vor Augen führen, um die Schutzfunktion, die meine Aussage für Allegra darstellen sollte, etwas näher erläutern zu können. Es gab da eine persönliche Feindschaft, eine extreme Abneigung, die Allegra gegenüber meinen Eltern hegte.

Dies setzte sich wie folgt zusammen: Wenn ich, wie es in jeder Familie schon mal vorkommt, Zwistigkeiten mit meinen Erzeugern hatte, erzählte ich Allegra stets davon. Mal um meinen Unmut loszuwerden, mal um einfach nur zu kompensieren. Allegra reagierte auf die Wortgefechte, von denen ich ihr erzählte, äußerst ungehalten. Auch Schimpfworte, die klar in die Richtung meiner Eltern zielten, flossen in ihre Wetterei mit ein.

Ich betrachtete diese Ausbrüche eher mit einem Augenzwinkern, da Allegra meinem Vater wie auch meiner Mutter niemals gegenüber gestanden hatte (zumindest damals noch nicht), und von daher fand ich ihre Reaktionen reichlich übertrieben und nahm sie nicht weiter ernst.

Eines Tages jedoch, fand ich auf den Teppichfliesen des elterlichen Flures einen Notizzettel. Ich hob ihn auf, und in der Schrift meiner Mutter stand darauf die Adresse wie auch die Telefonnummer meiner ehemals Zukünftigen geschrieben. Ich stellte meine alte Dame zur Rede, was denn diese Art des »Nachspionierens« sollte, und erfuhr, daß sie Erkundigungen eingeholt hatte, um zumindest zu wissen, wer denn ihre Schwiegertochter sein würde. Dies ärgerte mich ziemlich – schließlich hätte sie mich ja auch einfach fragen können, anstatt auf eigene Faust Nachforschungen anzustellen.

Wie dem auch sei, ich berichtete Allegra von diesem Fauxpas, und prompt ging sie in die Luft. Sie fragte mich ob ich gewillt sei, meinen Eltern eine Art »Sonderbehandlung« zuteil werden zu lassen. Sie kenne diverse Leute, die diese »Jobs«, ohne großartig zu fragen, ausführen würden.

Ich war geschockt. Das Wort »Sonderbehandlung« war mir bis dato nur aus dem »Dritten Reich« bekannt, als Deckwort für die Lösung der Judenfrage. Ich glaubte zwar nicht, daß Allegra meinte, meine Eltern durch einen z.B. als Unfall getarnten Mord töten zu lassen, dennoch empfand ich diesen Vorschlag als völlig indiskutabel und reichlich verrückt.

Die Frage, die sich mir nun stellte, war: Was wäre denn gewesen, hätte ich zugestimmt? Würden meine Eltern nun das Schicksal von Frankie teilen? Umgebracht auf den Befehl einer offenbar Geistesgestörten?!

Zurück zum Verhör: Der eben beschriebene Umstand schwirrte mir auch bei meiner Aussage durch den Kopf. Hätte ich Allegra quasi »hingehangen«, hätte ich sie mit dem belastet, was ich gegen sie in der Hand hatte, wie groß wäre dann die Gefahr für die Unversehrtheit von Leib und Leben der Mitglieder meiner Familie gewesen?! Auch das konnte, durfte ich nicht riskieren! Eher ging ich in den Tod, als daß meiner Familie durch ein fehlgeleitetes Element, wie meine Ex-Frau es darstellt, ein Leid zugefügt wurde!

Also tanzte ich weiter einen selbstzerstörerischen Tanz auf des Messers Schneide. Bog die Antworten, die ich gab, so zurecht, daß sie, abhängig von Allegras Aussage, sowohl positiv als auch negativ für mich hätten ausfallen können, sozusagen je nach Bedarf und Gutdünken der ermittelnden Kripobeamten.

Ganz bewußt auch ließ ich die geplante Auswanderung nach Rumänien außen vor. Meine Angaben hätten sonst zu verworren gewirkt. Zwar erwähnte ich dieses Vorhaben mit einem Wort, jedoch nur, um eine plausible Begründung zu haben, weshalb Frankie an besagtem Abend zugegen war. Andererseits legte ich noch ein wenig Hoffnung in mein augenscheinliches Wissen um die Transaktionen, bei denen größere Mengen meines Geldes nach Rumänien geflossen waren ...

Blauäugig?? ... Vielleicht, doch in einer solchen Situation durfte ich die Hoffnung einfach nicht aufgeben, daß sich alles aufklärt und endlich zum Guten wendete.

Mangels dieses Wissens bohrten die Kripo-Beamten jedoch weiter, was mich zwang, noch tiefer in die Trickkiste zu greifen. Mein Problem war, daß ich zu Anfang der Vernehmung großspurig hatte verlauten lassen. »Sie fragen, ich antworte!«

Hätte ich nun plötzlich das Verhör abgebrochen und die Aussage letztendlich verweigert, hätte ich mich selbst in ein noch zweifelhafteres Licht gerückt, als ohnehin schon geschehen.

Die Antwort, die ich beispielsweise in Bezug auf die fünf Benzinkanister gab, war derartig hanebüchen, daß ich mich noch heute frage, warum man mir dies abgekauft hat.

So antwortete ich auf die Frage, warum denn dermaßen viele Kanister im Fahrzeug waren, es wäre geplant gewesen, eine Kirche niederzubrennen. Jedoch wurde dieses Vorhaben vereitelt, da der Brandbeschleuniger »zu schnell verdunstete«.

Verehrte Leser, stellen Sie sich einmal selbst die Frage, ob 25 Liter eines Benzin/Diesel-Gemisches innerhalb von einer Minute an der frischen Luft, einfach so und ohne Rückstände hätten verdunsten können?! Reichlich lachhaft, nicht wahr?

Nun, es hätte ein hübsches Feuerwerk gegeben, hätte der 20-Liter Benzinkanister auch tatsächlich Sprit enthalten. Dem jedoch war nicht so! Es lief folgendermaßen ab: Allegra hatte wahrhaftig vor, eines jener Gotteshäuser den Flammen zu übergeben.

Indes, ich bin kein Idiot, und ich hatte während dieser Irrfahrt durch die BRD nicht vor, mich sonderlich straffällig zu machen (vom Diebstahl eines Autokennzeichens einmal abgesehen).

Jedenfalls, Allegras Plan war folgender: Sie wollte den Inhalt eines 5-Liter-Kanisters auf das Portal besagter Kirche schütten, und mir war das Legen einer Benzinspur zugedacht, um die Flüssigkeiten am äußersten Ende zu entzünden. Danach der Sprung ins Auto und weg!

In Wirklichkeit lief auch alles so ab – Allegra schüttete, ich schüttete. Der Unterschied war: In meinem großen 20-Liter-Behältnis befand sich Wasser! Aufgefüllt während eines Stops, den wir an einer Tankstelle einlegten, weil Allegra zur Toilette mußte. Mein Blick fiel damals auf einen Wasserhahn, der aus der Wand jenes Gebäudes ragte, und ich ergriff die Gelegenheit beim Schopf. Dieser Betrug fiel nicht auf. Zum einen, da wir an einer großen Anzahl von Tankstellen hielten, und ich bei Tankvorgängen stets allein herumhantierte, zum anderen, da der Geruch von Allegras Benzin (als sie das Portal durchtränkte) sowieso die Luft schwängerte und auch farblich in der Dunkelheit keine Unstimmigkeiten auszumachen waren.

Nur – hätte ich die Wahrheit und somit vom Wasser berichtet, hätte ich direkt einen Keil zwischen Allegra und mich getrieben, und das galt es zu vermeiden!

Einen ähnlichen Unfug ließ ich bei der Polizei auch über das Vorhandensein der Kettensäge vom Stapel. »Wenn SATAN es befohlen hätte, wären erst mal Köpfe gerollt!!!« Uhh, wie böse ...

Völliger Blödsinn, die Wahrheit verhielt sich ganz anders. Allegra hing während des Herumfahrens noch immer ihren Selbstmordgedanken nach. Insgeheim wunderte ich mich über das ständige Lamentieren über ihren geplanten Freitod. Ich meine, eine scharfe Waffe zu bekommen ist doch nicht das Problem. Außerdem, sie hätte doch irgendwo hinunter springen können, Hochhaus, Brücke etc. Oder der gute, alte Strick ... Nein, viel zu konventionell: Allegra liebte es melodramatisch. So kam sie auf die wirre Idee mit der Kettensäge.

Sicherlich ist der Film »The evil Dead« (Tanz der Teufel), einigen Lesern ein Begriff.

Der Hauptakteur trennt sich gegen Ende des Movies eine Hand vom Arm. Mit einer Motorsäge. Grund: Das Böse ist in seine Hand gefahren, und er weiß sich laut Drehbuch eben nicht anders zu helfen, als die Hand vom Unterarm abzutrennen.

Tja, ich weiß nicht, wie Allegra sich das vorstellte. Hatte sie mich für den Part des Sägenschwingers auserkoren, um bei ihr »schnittmäßig«

aktiv zu werden?! Ich stelle mir vor, daß sie durch den Blutverlust sicherlich gestorben wäre, doch solche Faxen machte und mache ich nicht mit, zumal ich dann ebenfalls mein Leben hätte beenden müssen, denn was sollte ich auf dieser Welt ohne meine heißgeliebte Allegra anfangen? Des weiteren gab es für mich auch keine Gründe, weshalb Sie sich den Lebensfunken aus dem Körper treiben sollte. Allegra galt, zumindest für mich, als unschuldig.

Dennoch, da sie wußte, daß mein Vater des öfteren eine Säge jener Art in seinem Besitz hatte (bei Bedarf geliehen) und ich mit diesen Dingern umgehen konnte, nötigte sie mich, solch ein Gerät zu kaufen, was ich auch tat.

Mit dem Kauf und dem Zusammenbau bzw. dem Funktionstüchtigmachen hatte ich keinerlei Probleme – zumindest in ethischer Hinsicht. Allegra jedoch war im technischen Bereich wahrlich unbegabt, und es bestand zu keinem Zeitpunkt die Gefahr, daß sie es fertiggebracht hätte, die Säge ohne meine Hilfe in Gang zu kriegen.

Im übrigen war ich stets mit ihr zusammen, großartiges »Alleinsein« gab es in diesen Tagen nicht.

Nun werden Sie sich fragen warum ich jene Fakten nicht bei der Polizei erzählte. Ganz einfach: Einerseits hätte man es mir nicht abgenommen wenn ich gesagt hätte, die Säge lag nur zur Zierde im Wagen, oder ähnliches. Andererseits wollte ich Allegra nicht in die Ecke eines selbstmordgefährdeten Menschen stellen, um ihr einen eventuellen Aufenthalt in der Klapsmühle (welche Ironie ...) zu ersparen. Also erfand ich diese Stories aus dem Stegreif, stets darum bemüht, meine wirren Worte einigermaßen plausibel klingen zu lassen.

Wenn Sie sich die Vernehmungsunterlagen, die Sie im Anhang dieses Buches finden, durchlesen, werden Sie feststellen, welch ein Unsinn dort zu Papier gekommen ist, wobei Sie sich gleichzeitig fragen sollten, welche »Spezialisten« der Bochumer Polizei tagtäglich für Volk und Vaterland im Einsatz sind, wenn man diese Leute derartig hinters Licht führen kann, wenn auch aus edelmütigen Motiven ...

Ein Knackpunkt jedoch war das Vorhandensein des Briefes. Beinahe völlig vergessen, bescherte mir dieses Schriftstück mit einem mal Probleme – eben jene Art von Problemen, die ich zuvor schon habe auf mich zukommen sehen, als ich (wie im Romanteil bereits beschrieben) mir ausmalte, was denn wäre, wenn tatsächlich etwas geschehen würde wie beispielsweise ein Autounfall oder aber, wie in diesem Fall, der absolute Super-Gau.

Tja, was hätte ich tun können?

Erzählen, daß dies nicht der erste Brief war, den Allegra in meinem Namen schrieb bzw. den sie mir diktierte? (Dies kann ich mittels Zeugen belegen.)

Wie hätte ich dann dagestanden? Und vor allem, wie glaubwürdig wäre eine solche Antwort gewesen?

Da mir der Inhalt des Briefes bekannt war (immerhin hatte ich Allegras Worte niedergeschrieben), konnte ich nicht plötzlich auf »netter Kerl von nebenan« machen, auch aus Gründen, die Allegra direkt betrafen und die ich zuvor bereits erwähnt habe.

Folglich mußte ich, um die niedergeschriebene Wortwahl zu bekräftigen, auch verhörtechnisch einen Gang höherschalten, verwendete mit einemmal Kraftausdrücke und bezog mich damit indirekt auf Frankies Tod, um diese Postsendung zu rechtfertigen.

Heute indes kann ich sagen, daß dieser Brief, zumindest aus Allegras Sichtweise, wie die Faust aufs Auge passte. Denn – sollte Allegra den Mord allein geplant haben, inklusive des Führens meiner selbst in eine auf sie fixierte Abhängigkeit, dann ließ mich dieser alberne Brief doch ganz schön alt aussehen. Wie schon gesagt – sie hätte nur zu behaupten brauchen, sie träfe keine Schuld ...

Wie dem auch sei, ein weiteres Thema in jenem Verhör bildeten die »Waffen«, die in großer Zahl in Allegras Wohnung herumlagen. Dazu muß man sich vorab eines vergegenwärtigen. Allegra war eine Frau und als solche eher eine »Waffengegnerin«. Zumindest ist das Bild der Frau in der heutigen Gesellschaft derart geprägt. Frauen und martialisch anmutende Gerätschaften?! Igitt, das ist verpönt und ziemt sich für eine Dame ganz gewiß nicht!!

Zu diesem Zeitpunkt konnte ja noch niemand wissen, daß ich es war, der ihr diese Dinge einst zum Geschenk machte, und letztlich war ich es auch, der sie käuflich erwarb. Beteuerungen, die Dolche, Messer, Hämmer etc. wären schlicht von ihr verlangt worden, hätten doch wahrhaft armselig gewirkt, finden Sie nicht auch? Was blieb mir also anderes übrig, mich als, nun ja, »Waffennarren« hinzustellen (obwohl ich mit diesem Wort nicht vollends zufrieden bin). Lachhaft ist auch die Vorstellung, daß ich selbst Waffen verabscheute, denn dies wäre glatt gelogen. Hand aufs Herz welcher Mann hätte nicht gern eine ordentliche »Puste« im Haus?

An dieser Stelle muß ich auch auf den Sachverhalt eingehen, was die Kleidungsstücke angeht, die ich an diesem Abend trug. Bei der Polizei sagte ich aus, ich hätte mich umgezogen. Nun konnte ich schlecht davon berichten, wie ich mit Frankies Blut in Berührung kam.

Als ich neben ihm in die Knie ging, kauerte ich inmitten einer großen Lache einer dunklen Flüssigkeit. Zum damaligen Zeitpunkt hatte ich weder vermutet noch geahnt, daß es sich dabei tatsächlich um Blut handelte. Also erwähnte ich gegenüber der Polizei lediglich, meine Klamotten seien naß gewesen, was ja auch der Wahrheit entsprach. Nur über den Umstand, wie ich mit Frankies Blut in Kontakt kam, darüber schwieg ich mich aus.

Denn auch hier stellte sich die Frage: Was hätte ich denn sagen sollen, mangels Wissen um den Tathergang?

Ein letztes Problem waren Allegras Telefonate bzw. Angel, der uns drei (Frankie, Allegra und mich) nach Essen hätte fahren sollen.

Da ich von der »Überraschungspartie« in jener Stadt kein Wort verlauten ließ, konnte ich Angel schlecht in den Zusammenhang bringen.

Idiotischerweise posaunte ich gleich beide Pseudonyme jenes ominösen Pärchens heraus, von dem Angel die eine Hälfte stellte.

Dies jedoch nur aus dem Grund, da Allegra ständig nur von »Angel und Luna«, »Luna und Angel« sprach (wenn sie von den beiden erzählte), und irgendwie, fast automatisch, brachte ich »Luna« mit ins Spiel.

In diesem Kontext blieb mir auch diesmal nichts anderes übrig als erneut den »Fürsten der Finsternis« ins Gespräch zu bringen, um das Wirken dunkler Mächte mit einfließen zu lassen. Sie dürfen mir glauben, unter anderen Umständen wäre ich vor Lachen vom Stuhl gefallen! Die Beamten jedoch wirkten, ebenso wie ich, bierernst und lauschten irritiert dem Treiben satanischer Mächte, die offenbar ihre Hände im Spiel hatten ...

So, ich glaube, Ihnen nun einen Einblick in die wichtigsten Punkte des Verhörs gewährt zu haben. Sie wissen jetzt, wie meine Antworten zustande kamen, wie es möglich war, daß einige Parallelen zu Allegras Aussage auftraten, und warum ich mich so verhalten habe, wie ich es letztlich tat: aus Überzeugung, was Allegras Unschuld betrifft, aus grenzenloser Liebe zu ihr, zum Schutze ihrer Freiheit, aber auch aus Furcht vor Rache, meine Familie betreffend, da deren Sicherheit nicht mehr gewährleistet wäre, sollte ich mein Wissen gegen Allegra verwenden.

Wie nun geschehen ...

Rorschach – Geburt ohne Zeugung

Der Rorschachtest ist psychologisches Testverfahren. Ein Tintenklecks wird auf ein weißes Blatt Papier gegeben. Nun faltet man dieses Blatt zusammen, und die Tinte verteilt sich willkürlich auf dem Papier. Nach dem Auseinanderfalten versucht man das Tintengebilde zu deuten, um später aus den Dingen, die man in diesem verlaufenen Klecks zu sehen glaubt, Rückschlüsse auf den geistigen Zustand des Betrachters zu ziehen.

Mir erschien die Wahl eines solchen Titels als äußerst passend. Zwar lag meine Aufgabe nicht darin, Gebilde aus einem Fleck herauszulesen, doch vom Grundgedanken stand mir dasselbe bevor.

Wie es sich mit meiner Aussage verhielt bzw. wie sie zustande kam, wissen Sie nun. Mehr oder minder aus dem Stegreif erschuf ich ein erstes Bild von mir und den Geschehnissen des 06. Juli und auch die Gründe für meine Worte sind Ihnen nun bekannt.

Schon am zweiten Tag der Aussage ließ einer der Kommissare verlauten, daß man ein psychologisches Gutachten über meinen Geisteszustand erstellen wolle/müsse. Nun befand ich mich in einer Zwickmühle. Die Angaben, die ich im Verhör gemacht hatte, mußten sich ja irgendwie mit dem zukünftigen Gutachten decken. Bloß – wie das bewerkstelligen?!

Nach einigen Tagen in der Bochumer Justizvollzugsanstalt hatte ich bereits den größten Teil des Schwachsinns, den ich damals der Polizei erzählte, wieder vergessen und hätte mich an Einzelheiten gar nicht mehr erinnern können, jedenfalls nicht wortgetreu. Panik kam dennoch nicht auf. Noch immer in der festen Überzeugung, es würde sich sowieso bald alles aufklären, zermarterte ich mir nicht das Hirn, sondern sah den Dingen, die da folgen sollten, recht gelassen entgegen.

Eines Tages überbrachte mir mein Anwalt Kopien meiner Aussage sowie von den Worten, die meine damalige Frau zu Protokoll gab. Ich gehe an dieser Stelle nicht näher darauf ein, wie sehr mich deren Angaben erschreckten und weshalb. (Mehr dazu in den »Ansichten«.)

Zunächst machte ich mir Notizen, was Allegras Aussage betraf. Ich versuchte, Erklärungen zu finden für ihre Worte, wollte mich in sie hineindenken und auch ein ums andere Mal ihre Worte entkräften.

Es war ein verdammt starker Tobak, der mir da vom Papier entgegen schlug und mich des öfteren zumindest zu einem Kopfschütteln veranlasste. Dennoch wußte ich nicht, welches Ziel diese Frau verfolgte, war mir aber sicher, daß es schon irgendeinen Sinn gehabt haben mußte, daß sie derart antwortete.

Bei den Göttern, ich liebte diese Frau so hingebungsvoll, daß ich selbst ihr von Widersprüchen gespicktes Polizeiverhör als dogmatisch ansah und einfach nicht zugänglich für rationale Gedanken war.

Erstmals jedoch brach für einen Augenblick eine Welt in mir zusammen, als ich lesen mußte, daß sie mir eine Mitschuld an Frankies Tod gab. Zwar war ich bereit, alles für Allegra zu tun, alles für sie aufzugeben, doch schwarz auf weiß wirkt das Ausnutzen eines solchen Liebesbekenntnisses wie ein Hieb ins Gesicht.

Ihre Worte erschienen plötzlich so unverständlich für mich. Hatte sie also gar keinen Bruder? Wuchs sie gar nicht in Großbritannien auf? War dies tatsächlich die Aussage meiner Frau?

Mit einemmal war ich der unumstößlichen Überzeugung, daß irgend etwas nicht stimmte. Diese Erkenntnis wäre mit Sicherheit zu begrüßen gewesen, doch idiotischerweise gingen meine Gedanken in eine völlig andere Richtung. Anstatt endlich aufzuwachen und zu erkennen, wie mies die Lage und vor allem die Ränke dieser Frau waren, gab ich der Polizei, den »himmlischen Mächten« und was weiß ich wem die Schuld an dieser Übelkeit hervorrufenden Situation.

In mir wuchs der Hass. Der Hass auf die wahren Täter, skrupellose Mörder, brutale Schlächter, die Allegra und mich in diese Lage gebracht hatten. Des weiteren baute sich eine bis dato unglaublich große Abneigung gegen das System auf, ein Ekel gegenüber allen staatlichen Institutionen, allen von Menschen erschaffenen Mächten dieser Welt.

Was war denn plötzlich los?! Erkannte denn wirklich niemand, was für eine »gottverdammte« Scheiße hier ablief?!? (Entschuldigen Sie den Kraftausdruck!) Waren auf einmal wirklich alle Menschen blind?! Was sollte ich hier? Lasst mich gehen, Frankie war mein Freund, ich habe ihm nichts getan!!

Sie merken sicher, geschätzter Leser, wie aufwühlend die damalige Zeit für mich war. Dennoch, solche Momente, in denen der Frust über den Verlust der Freiheit, das grundlose Eingesperrtsein, sowie das »Nichtbegreifen« aller begleitenden Umstände in mir hochkamen, waren relativ selten.

Damals wie auch heute war die Situation derart vertrackt, daß die einzig richtige Reaktion ein an Wahnsinn grenzendes Lachen gewesen wäre.

Es ist wirklich unglaublich!

Bevor ich jedoch abschweife, erzähle ich lieber, wie dieses wirre Gutachten zustande kam, aufgrund dessen man mich in eine forensische Psychiatrie gesteckt hat.

Zunächst muß man sich wieder ins Gedächtnis rufen, daß ich zwar aus Liebe zu Allegra alles auf mich genommen hätte, jedoch generell an meiner Freiheit hing und noch immer darauf hoffte, daß sich alles aufklären und ich spätestens nach der Gerichtsverhandlung quasi nach Hause gehen könnte.

Wie schon erwähnt, warf mich die Abschrift von Allegras Aussage zunächst in ein tiefes Loch. Ich wollte nicht glauben, was dort stand und malte mir aus, daß sie wohl nur aus dem Grund so geantwortet hatte, weil sie eventuell Angst vor irgend jemandem hatte oder durch einen mir unbekannten Umstand zu solchen Worten gezwungen war. Bis heute ist mir das ein Rätsel, doch bin ich nunmehr der Überzeugung, daß sie mich aus purer Bosheit mit in diese Sache hineinzog!

Tja, doch anstatt mit der Faust auf den Tisch zu hauen, was tat ich liebeskranker Idiot? Ich hieb in dieselbe Kerbe wie sie. Stellte mich als psychisch verdrehtes Individuum dar, immer hart an der Vorgabe orientiert, die mir Allegras Aussage bot.

Es gab Zeiten, da glaubte ich daran zu ersticken. Die Qualen, denen ich in solchen Momenten ausgesetzt war, waren immens. Unzählige Male kamen mir solche Ideen in den Kopf wie: Könnte man beispielsweise das menschliche Gehirn »anzapfen«, mit einer Art »Klinkenstecker« o.ä., und auf diese Art und Weise Bilder »aus dem Gedächtnis ziehen«, müsste man mich auf der Stelle in die Freiheit entlassen. Doch da so etwas (noch) nicht möglich ist, was tun in einer solch miesen Lage?!

Unschuld hin oder her, die Zeit schritt voran, und der Sack begann sich zuzuziehen.

Ich brauchte eine Art Polster, eine Rückendeckung, die mich vor dem härtesten Urteil bewahrte. Auch wenn ich beständig hoffte, daß entweder Allegra oder ein an Frankies Mord Beteiligter endlich die Wahrheit spräche, so machte ich mir trotzdem Gedanken um meine Zukunft. Eine Zukunft, von der tagtäglich ein Stück mehr ins Klo gespült wurde.

Das angekündigte Gutachten, das von einem der renommiertesten Psychiater Deutschlands zur Frage meiner Schuldfähigkeit erstellt werden sollte, erschien mir plötzlich wie ein Rettungsfallschirm. Sollte doch die Öffentlichkeit von mir denken, was sie wollte, ich wußte, daß ich Frankies Tod *nicht* zu verantworten *hatte*. Alles andere war zunächst zweitrangig.

Hätte man mich tatsächlich verurteilt, so wollte ich zumindest an einem »angenehmeren« Ort als einem hundert Jahre alten Knast untergebracht sein.

Versetzen Sie sich, werter Leser, in meine Lage – was hätten Sie getan?

Sie wollen Ihren Liebsten/Ihre Liebste schützen, und gleichzeitig müssen Sie Angst um Ihre Familie haben, die durchaus tödlichen Racheaktionen ausgesetzt wäre, sollten Sie »auspacken«. Sie wissen, Sie sind frei von Schuld, doch Sie können es niemanden mitteilen. WAS hätten SIE getan????

Die Polizei könnte nämlich nichts gegen einen zu erwartenden neuerlichen Mord ausrichten. Und: Es gibt Menschen, die nicht vergessen und sehr lange auf eine passende Gelegenheit warten können.

Hätten Sie Ihre Familie ohne zu zögern und vor allem ohne deren Wissen in eine solche Lage bringen wollen?

Ich brauchte also zunächst eine Geschichte, die ich dem Psychiater »verkaufen« konnte. Ich benötigte quasi ein Gerüst, orientiert an den Stationen meines Lebens. Nun, im Gefängnis hatte ich eine Menge Zeit zur Vorbereitung. Papier und Kugelschreiber wurden mir gestellt.

Es hört sich vielleicht recht »leicht« an, doch es war beileibe kein Kinderspiel, mein Leben derart zu verändern, daß ich am Ende als »Psycho« angesehen wurde.

Anfangs gliederte ich mein Leben in folgende Teile:

Kleinkind, Kindergarten
Grundschule
Realschule (Gymnasium)
Berufsausbildung
Wehrdienst
Berufstätigkeit bis zur selbst vorgenommenen Kündigung

Diese verschiedenen Punkte/Stationen im Leben sind unbestechlich, zumindest was deren zeitlichen Rahmen betrifft. Folglich hatte ich nun schon einige Daten, mit denen ich arbeiten konnte.

Man darf jedoch nicht vergessen, daß solch „normale» Dinge sofern sie auch »normal« vonstatten gingen, für ein Schuldfragegutachten eher unerheblich sind. Erschwerend kommt hinzu, daß ich mich zuvor noch nie mit den Vorgängen befasst hatte, mit denen man während der Befragung durch einen Psychiater konfrontiert wird (warum auch?). Ich malte mir aus, daß sich das ganze Schauspiel wohl am ehesten mit dem Hin und Her eines Polizeiverhörs vergleichen lässt. Und ich sollte recht behalten. Es erschienen damals Psychiater nebst einem Psychologen, die gemeinsam ihre Fragen in bester Kreuzfeuermanier auf mich abschossen.

Doch zurück zu den Vorbereitungen.

Das »Zeitgerüst«, die Stationen meines Lebens betreffend, stand also.

Zumindest auf dem Papier. Diese Daten mußte ich zunächst auswendig lernen. Wohlgemerkt handelte es sich hierbei um reelle Fakten, dennoch mußten die Zeiten, die ich auf den Schulen etc. verbrachte, fest in meinem Kopf verankert sein, denn wenn man schon »trickst« und sich mit einem angesehenen Psychiater mißt, muß man aufs Ganze gehen ...

In der ersten Phase dieser Vorbereitung hatte ich oftmals den Gedanken, einfach alles hinzuwerfen, die Wahrheit zu erzählen und dann auf meine Hinrichtung zu warten, durch eine Kugel, auf der mein Name gestanden hätte. Möglicherweise hätte ich dies auch getan, wenn ich keinerlei Familie mehr mein eigen nennen könnte.

Nun, zunächst stellte sich mir die Frage: *Was* kann man einem ausgefuchsten »Mediziner« verkaufen, was ist im Wortlaut »zu kraß« und was wirkt unglaubwürdig?

Schließlich kann man nicht mit irgendeiner Räuberpistole aufkreuzen, die schon beim ersten Nachhaken des Arztes in ihre Einzelteile zerfällt.

Nein – es mußte etwas sein, das sich nahtlos in die Realität einfügte, die Lüge mußte sich mit der Wahrheit paaren, verschmelzen und letztlich untrennbar mit ihr verwoben sein.

Wenn man so einer furchtbaren Tat zu Unrecht beschuldigt wird, und plötzlich in einer miesen kleinen Zelle sein Dasein fristet, fallen einem, bedingt durch die völlig reizarme Umgebung, unzählige Dinge ein, die ansonsten längst im Gedächtnis verschollen und lang vergessen waren.

Ein Umstand, der im psychologischen Bereich »immer wieder gern« als Auslöser oder Grundstein für irgendwelche Probleme, oder aber »seelische Abartigkeiten« angeführt wird, sind Schwierigkeiten in der Kindheit. Nun das mag bei einigen Fällen auch zutreffen, doch bei mir?? Was sollte ich erzählen? Ich verlebte eine Bilderbuchkindheit, hatte keinerlei Probleme, entwickelte mich getreu der menschlichen Norm, zeigte keinerlei auffälliges Verhalten.

Dennoch *mußte* ich mir etwas ausdenken, vielleicht eine Art Schlüsselerlebnis, das mich anfällig für »die dunkle Seite« (...) machte.

Ich entsann mich eines Karnevalskostüms, das ich in längst vergangenen Zeiten getragen hatte: Ein Vampir-Outfit, das allen gängigen Klischees von Bram Stoker's Romanfigur entsprach.

Des weiteren kamen mir etliche Bücher, die parallel zur gleichnamigen TV-Serie »Der kleine Vampir« erschienen, in den Sinn.

Natürlich – für sich genommen sind diese Dinge absolut unverfänglich und der Erwähnung nicht wert.

Aber – dieses Vampirkostüm sowie die gelesenen Kinderbücher in

Zusammenhang mit einem verdrehten Kontext ... Voilà, fertig ist die entartete Kindheit.

Psychiater wie Psychologe wurde also eine wie dem Lehrbuch entnommene Geschichte präsentiert. Garniert mit einigen nie geträumten Träumen, und dem Verlangen, selbst ein Vampir zu werden, saß ich damals vor den Psychiatern und schleuderte Ihnen eine schamlose Lüge nach der anderen ins Gesicht. Ein wenig entrückte Mimik, und die Psychose der Kindheit steht ...

In der Gefängniszelle blieb es natürlich nicht bei dieser recht simplen und ein wenig komischen Story. Denn trotz allem erschienen mir die »Erlebnisse« aus Kindertagen nicht sonderlich interessant und für die Frage der Schuld (lächerlich) eher unerheblich.

Zumal, ich mußte mich ja auch irgendwie an dem Stuß orientieren, den ich bei der Polizei vom Stapel gelassen hatte.

Jetzt fingen die Schwierigkeiten erst an. Ein ums andere Mal geriet ich gehörig ins Schwitzen, wie ich die Stimme bzw. die Befehle des zwiefach Gehörnten unterbringen konnte. Tja – wenn schon dick auftragen, dann auch richtig. Wie wäre es mit ein paar Visionen?! Das Wort hört sich »gut« an und ist in unserem Sprachgebrauch bereits in jeglicher Hinsicht ge- bzw. mißbraucht worden.

Im Übrigen bot es mir die einzig »logische« Erklärung für das Zahlenspiel »6667«.

Dazu später mehr.

Zunächst mußte ich den Ärzten einen für sie nachvollziehbare Einsicht gewähren, was meine Beziehung zu Allegra betraf.

Sicher, wir waren verheiratet, doch das erschien mir als zu nichtssagend. Nein – der Geschichte mußte ein düsterer, verwunschener Touch beigemengt werden. Ich dachte mir also eine derart hanebüchene Story aus, daß sie, wäre sie als Drehbuch vorgesehen gewesen, sofort als unrealistische, abstruser Müll im Papierschredder gelandet wäre.

Alsdann kam die »Visionen« ins Spiel. Da ich in diesem Moment frei erfinden konnte, was diese »Erlebnisse« betraf, löste ich sämtliche Fesseln meiner Phantasie und erschuf quasi eine neue Person, die jedoch mein Gesicht trug.

Zunächst brauchte ich eine Art Einleitung. Ich mutmaßte, daß die Doktoren sicherlich mißtrauisch geworden wären, hätte ich als »unbelasteter« Mensch mit einemmal Zukunftsvisionen oder ähnlich wirres Zeug gehabt. Ich knüpfte demnach an die »Vampirstory« an und bastelte mir den Inhalt eines bemerkenswerten Traumes zusammen, den ich zwar nie hatte, der sich im Gesamtbild jedoch gut machte und eine überzeugende Grundlage für »Visionen« bot.

Doch damit nicht genug. Weiterhin ließ ich eine Astralreise (Erlebnis außerhalb des Körpers, O.B.E.) mit einfließen, natürlich vermischt mit Traumgeschehnissen ...

Sie sehen, geschätzter Leser, wie konfus die Geschichte, aufgrund derer ich »begutachtet« wurde, bis zum jetzigen Zeitpunkt schon war. Ich setzte ein völlig neues Leben aus wenigen wahrhaftigen Stücken, die sich einst in der Realität abgespielt hatten, wie eben auch aus unverfrorenen Lügen zusammen.

Ein kurzes Wort zu den psychologischen Gutachten: Meiner Meinung nach ist es nicht möglich, einen Menschen zu begutachten, der auch nur halbwegs etwas im Kopf hat sowie über ein wenig schauspielerisches Talent verfügt. Denn wie will man unterscheiden können, was Realität und Fiktion ist?! Unmöglich!

Weiter im Text. In der Knastzelle schrieb ich alle Ideen, alle Gedanken zunächst einmal nieder. Vieles mußte ich wieder verwerfen, da es Dinge gibt, die man nicht mit wenigen Worten erklären kann und die einen Rattenschwanz an weiteren, präziseren Lügen nach sich gezogen hätten. Ich verfüge zwar über ein recht gutes Gedächtnis, doch trotzdem war es mir einfach zu unsicher und die Gefahr zu groß, mich in der konstruierten Schauermär zu verhaspeln.

Man darf auch nicht vergessen, daß ich zu diesem Zeitpunkt schon über Allegras Aussage verfügte. Irgendwie mußte ich deren Worte ja auch berücksichtigen, was ein hartes Stück Arbeit darstellte. Das Risiko, daß ich Allegra durch die Angaben in meinem kommenden Gutachten auf irgendeine Weise belasten könnte, war hoch und machte mir zu schaffen.

Was blieb mir anderes übrig, als jeden störenden Einfluß außen vor zu lassen und wie ein Besessener zu lernen?

Ich ging dabei schrittweise vor. Auf DIN-A4-Blättern hielt ich vorerst die Vampirkostümgeschichte, wie auch das »prägende« Leseerlebnis mit den »Der kleine Vampir«-Büchern fest. Um meine – nun, sagen wir mal- Verbundenheit mit Allegras Vampirismustick zu demonstrieren, aber auch um einen Hintergrund für meinen damaligen Anzeigentext (Pechschwarzer Vampir sucht ...) zu bieten, fügte ich noch ein Verlangen nach Blut ein, welches schon im zarten Alter von zehn/elf Jahren in mir wuchs.

Diesen ersten Abschnitt lernte ich auswendig. Ungefähr acht Stunden, jeden Tag, Woche für Woche. Diese Vorgehensweise erschien mir in diesem Augenblick als die wirkungsvollste. Manchmal fühlte ich mich dabei in die Schulzeit zurückversetzt, und dieses Feeling brachte mich auf die nächste unglaubliche Idee: Eine Vision in der Schule!

Klingt reichlich dämlich, nicht wahr? Glauben Sie mir, jeder, der mir einen solchen Schwachsinn erzählt hätte, wäre achtkantig hinausgeflogen. (Ein Psychiater jedoch muß ich Derartiges anhören, ob er will oder nicht.)

Eine Anmerkung: *Jede* meiner konstruierten Geschichten lernte ich tagein, tagaus und bis zur völligen Erschöpfung auswendig. Zeit hatte ich bekanntermaßen genug. Die Geschichten mußten sitzen, fest in meinem Kopf, um jedem Verhör, jeder Eventualität standhalten zu können. Alles andere wäre sinn- und witzlos gewesen, und ich hätte gleich mit der Wahrheit herauskommen können.

Thema Schule. Ich überlegte mir folgendes: Das Gutachten basierte inoffiziell auf dem Satanismus, was der Sache einen unglaublich bösartigen Beigeschmack gab. (Szeneinsider wissen, daß das ein ausgemachter Blödsinn ist, doch dieses Bild existiert eben bei Otto Normalverbraucher.) Ich verschaffte quasi »Sathanel« einen Gastauftritt in der fingierten Klassenraumvision.

Hierzu bedarf es noch einer Erklärung: Seit der Lüge mit den Kindheitsträumen, Wahnvorstellungen etc. ließ ich stets den Aspekt mit einfließen, daß ich seit jeher eine »große innere Leere« verspürt hätte. Dieses Bild einer kränklichen Psyche lernte ich durch einen Psychologie-Kurs kennen, den ich an meiner damaligen Schule besucht hatte. Da ich wußte, daß dieses »Sich-leer-Fühlen« bei Psychiatern stets auf offene Ohren stößt, baute ich diese Thematik ungeniert ein.

Ich schusterte mir also folgendes zurecht: Im Klassenraum sitzend, machte ich eine unglaubliche Erfahrung (Akte X läßt grüßen!): Eben noch im Unterricht und plötzlich an einem fernen, fremden Ort.

An jenem ominösen Platz befand ich mich ganz allein ... Halt – nicht völlig allein. Aus den grenzenlosen Gefilden kam ein Mann auf mich zu, bedrohlich an Größe und Gestalt. Schwarz war sein Mantel, wie sein langes Haar. Krallen wuchsen ihm aus den Händen ...

Er näherte sich mir und sprach: »Fürchte dich nicht! Ich bin Samiel. Wenn du die Leere in deinem Innern bekämpfen willst, mußt du den zweiten Teil deiner Seele finden!« Noch bevor ich etwas erwidern konnte, befand ich mich bereits wieder im Klassenraum ...

Natürlich ist mir dieses Erlebnis niemals widerfahren, doch mit dessen Einfluß schuf ich eine weitere äußerst wichtige Grundlage für die »Gutachtengeschichte«.

Denn: Es mußte ein unzertrennbares Band entstehen zwischen Allegra und mir – etwas, das allen Widrigkeiten trotzte und mich für die Ewigkeit mit dieser Frau vereinen sollte.

Bewußt stellte ich mich im späteren Verlauf des Gutachtens quasi unter Allegras Fuchtel, machte mich zu einem Teil von ihr, um einst, zur Not, alle Schuld zu tragen ...

Was also lag näher, als Allegra zu meinem Seelenpartner zu machen? Mit dieser Aussage hielt ich mir auch teilweise den Rücken frei, sollte eines Tages Frankies furchtbarer Tod aufgeklärt werden. Hierzu mehr im Kapitel »Ansichten«.

So, nun brauchte ich noch eine Erklärung für die »6667«-Zahlenkombination, die ich während des Polizeiverhörs ins Leben rief. Das Problem dabei war, daß ich keinen Schimmer hatte, wie sich Wahnvorstellungen oder (wie im aktuellen Fall) direkte Befehle »aus der Gehenna« äußern bzw. wie man diesen Eingriff ins selbständige Denken erfährt. Ist es tatsächlich so, daß man trotz hellwachem Verstand irgendwelche Stimmen hört?

Ich entschied mich letztlich für folgende Variante: Ich suchte mir einen Ort (die City von Recklinghausen). Während ich also durch die Fußgängerzone schlenderte, »ereilte« mich, mit einemmal und aus heiterem Himmel, etwas, das dem Einschlag eines Blitzes gleichzusetzen war. Mir wurde schwarz vor Augen, und eine Straßenlaterne bot mir Halt, da meine Beine unter mir nachzugeben drohten ...

So weit, so gut. Wie jedoch sollte ich die »Stimme Sathanaels« mit einbringen? Nach reichlicher Überlegung entschied ich mich für jene Version: Die Stimme des »Herrn« preßte sich einfach in meinen Kopf – sie schaltete mein Denken aus und erfüllte mich gänzlich.

An dieser Stelle wurden mir dann »Befehle« zum Thema 6667 gegeben. Am 06.06. sah er (der Sprecher) unsere Heirat vor, und am 06.07. wollte wiederum er (Sathanael??) in Allegras wie meinen Körper fahren, um sich »diverse« Seelen anzueignen ...

Tja, ich weiß, wie dämlich das klingt, und ein ums andere Mal ging mir durch den Kopf, daß ich so etwas auf keinen Fall erzählen könnte, da ich mich ja in die Nähe eines Vollidioten rücken würde. Dennoch – ich konnte nicht anders handeln. Priorität hatte nach wie vor der Schutz Allegras vor einer Gefängnisstrafe.

Daß der 06.06. absolut klischeebehaftet von Allegra als Tag der Eheschließung auserkoren wurde, wissen sie bereits. Der 06.07. jedoch sollte der letzte Tag sein, den wir gemeinsam in Deutschland verbringen sollten

– schließlich war für den 07.07. die Abreise geplant.

Im Polizeiverhör ging ich nur recht unklar auf diesen »Heimsuchungstag« ein. (Wenn man aus dem Stegreif etwas erfindet, ist es verdammt schwer, eine glaubwürdige Geschichte hintenanzuhängen). Beim Gutachten jedoch hatte ich Allegras Aussage zur Verfügung. Alles, restlos alles, was sie gesagt hatte, verbog und formte ich derart, daß es Hand und Fuß ergab. Dies war indes auch kein allzu großes Problem. Die Zeit hatte ich, und folglich konnte ich an meiner Mär feilen, erfinden und wieder verwerfen. Ich durfte nur eine Grenze nicht überschreiten – nämlich Allegra durch Dummheit oder Unachtsamkeit zu belasten.

Also dann, die Basis stand. Nun mußten nur noch einige Lücken geschlossen werden. Hierbei bezog ich mich wieder auf den fehlenden Seelenpartner. In bunten Bildern beschrieb ich eine jahrelange Suche nach »dem fehlenden Stück« und ließ auch real erlebte Dinge mit einfließen, wie Parties in der Schulzeit. Ich log, daß ich keinerlei Freunde hatte, berichtete von meinen Erfahrungen in der rechten Szene und stellte mein ganzes bisheriges Dasein unter die Suche nach dem Seelenpartner, dem lang entbehrten Stück meiner Selbst.

Der Satanismus spielte dabei nur eine untergeordnete Rolle. Trotzdem brauchte ich eine Erklärung, warum ich damals den Namen »Samiel« mit dem »Bösen« in Verbindung brachte, wie auch, warum dieser schreckliche Mord überhaupt als „Satansmord» deklariert wurde.

Zu diesem Teil der Geschichte dachte ich mir erneut eine hieb- und stichfeste Erklärung, aus: So gab ich an, jene Schauerfigur aus der fingierten Vision der Schulzeit hätte derart dunkel und bedrohlich auf mich gewirkt, daß ich, nachdem ich mir in jungen Jahren später einige Gedanken über diesen Vorfall machte, der Erscheinung später zumindest etwas Bösartiges unterstellte und ihr einen dämonischen Anstrich verpasste.

Vollkommene Gewißheit über Namen und Herkunft dieses »Typen in Schwarz« schob ich dann auf die »Satanische Bibel« des uns wohlbekannten Mr. LaVey.

Wie erwartet kannten sich weder Psychiater noch Psychologe mit dem Inhalt dieses sagen wir mal »Leitfadens« aus. Ich gab also an, den Namen »Samiel« schließlich als einen der Namen »Sathanaels« erkannt zu haben...

Ja, ja, ich weiß – es liest sich sicher so, als hätte ein absoluter Spinner die vor Ihnen liegenden Zeilen zu Papier gebracht. Ich schämte mich bei der Entstehung der Gutachtenstory selbst ein wenig, da ich mich wissentlich in ein solches Licht stellen mußte. Doch der Zweck »heiligt« die Mittel.

Zum 06.07.2001 schwieg ich mich jedoch größtenteils aus. Ich blieb also bei der Version, die ich schon bei der Polizei zu Protokoll gegeben hatte, und hielt daran fest, mich an nichts erinnern zu können. Allegra nämlich hatte mich mit ihrer Aussage unverständlicherweise schwer belastet. Wie Sie bereits wissen, verehrter Leser, gab diese Frau an, ich hätte Frankie niedergeschlagen und ihr dann gesagt, sie solle ihn erdolchen.

Ich habe keine Ahnung, was genau sie zu diesen Worten verleitet hat, doch war es mir eben deshalb nicht möglich, darauf einzugehen. Denn dann hätte ich direkt alles bereits Erfundene über Bord werfen und mich selbst, absolut und energisch, durch Verkünden der Wahrheit aus dieser mißlichen Lage hinausmanövrieren müssen.

Wie auch immer – ich kann nicht sagen, wie die ganze Sache verlaufen wäre, hätte ich von Anfang an das Erlebte und keine selbstkonstruierten Lügen erzählt.

Die Menschen, die mich kennen, und das über viele Jahre, wissen, wie ich bin, und haben über lange Zeiten Einblick in mein tagtägliches Verhalten nehmen können.

Ebenjene Menschen faßten sich nach dem sporadischen Bekanntwerden des Gutachtens an den Kopf. Freunde, wie auch meine Eltern fragten sich ständig, ob in dem Psychiatertext wirklich von *mir* die Rede war: zum Einen, da man mich kannte und wußte, daß alles ein zum Himmel stinkender Lügenhaufen war, zum anderen, da ich mich nicht auf diese Leute berief, die durch ihre bloße Anwesenheit als Zeugen (zumindest als Zeugen für meine frühere Lebensgeschichte) dieses Wahnsinnsgutachten ruckzuck gekippt hätten.

Das Ende vom Lied war jedoch, daß das Gutachten tatsächlich erstellt wurde und mir fortan eine »schwere andere seelische Abartigkeit« anhaftet. Begründet wurde dies unter dem Oberbegriff »Narzißmus«. Hierzu führten die Herren Doktoren folgende Kernsymptome sowie Nebenphänomene an, die ich kurz kommentieren will:

Seit der Kindheit ein Gefühl innerer Leere, welches durch Aktivitäten und Kontakte nie dauerhaft überwunden werden kann.

Eine unbeschwertere und glücklichere Kindheit als die meine kann man sich nicht wünschen!

Seit der Kindheit eine beeinträchtigte Fähigkeit, sich anderen gegenüber gleichwertig und mit ihnen verbunden zu fühlen

Ich besaß in Kindertagen zahllose Freunde wie auch sog. »dicke Freunde«, mit denen ich jede freie Minute verbrachte. Ausgiebiges Spielen und auch Übernachtungen bei mir oder aber beim jeweiligen Freund waren an der Tagesordnung.

Der Stabilisierung der Selbstachtung dienen Größenvorstellungen, die in verächtlichen Überlegenheitsgefühlen gegen über anderen zum Ausdruck kommen.

Dieses Symptom »erkennt« der Herr Doktor an meinen Worten, als ich ihm näherbrachte, eine liebgewonnene Beschäftigung meinerseits sei es, über diverse Leute zu lästern, wie etwa über 4-Zentner-Menschen o.ä. Wer macht so etwas nicht?

Fühlt sich nur sicher in einem Umfeld, in dem er das Gefühl von Überlegenheit aufrecherhalten kann.

Würde dieses Nebenphänomen zutreffen, dürfte ich theoretisch nicht einen Fuß vor die Tür setzen. Denn die Welt ist voll von Menschen, und es wird immer jemanden geben, der einem selbst in irgendeiner Form überlegen ist!

Scheitert auf dem Gymnasium, wo er mit Grenzen und ernsthafter Konkurrenz konfrontiert ist.

Vom Gymnasium ging ich damals ab, da ich aufgrund einer enorme Fehlzeiten verursachenden Krankheit mit dem Lehrstoff nicht mehr mit kam. Ich wechselte dann auf eine Realschule, die ich mit FOR inkl. Qualifikation abschloß.

Geht trotz Erfolgs beim weiblichen Geschlecht keine partnerschaftliche Beziehung ein

Wenn mir vorgeworfen wird, daß ich nicht jahrelang mit ein und derselben Frau um die Häuser zog, bin ich natürlich schuldig. Ist es denn ein Verbrechen, dem Partner nach Monaten den Laufpaß zu geben, wenn man merkt, es funktioniert nicht mehr??

Verachtet die Gefühle, die Frauen ihm entgegen bringen, Äußerung von Schwäche.

Würde ich so denken, hätte ich niemals meinen nicht wenigen Freundinnen die Zärtlichkeiten zuteil werden lassen können, wie ich es einst tat. Was dachte sich der Arzt wohl dabei? Daß ich nie mit den Mädels über meine eigenen Gefühle redete? Was für ein Unsinn!

Ist in hohem Maße um sein Äußeres besorgt

Das klingt so, als stände ich den ganzen Tag vor dem Spiegel. Mir liegt einzig daran, einigermaßen gepflegt und nicht wie der letzte Schlumpf durch die Gegend zu laufen.

Erlebt alte Menschen sowie auch körperliche Berührungen fremder Menschen als höchst unangenehm

Diesen Satz darf man nicht pauschalisieren – wer Bewohner eines Altersheims kennt, weiß auch, wie einige dieser Menschen dahinvegetieren. Das kann doch nicht so toll sein, oder?

Berührungen fremder Menschen mag wohl niemand gern, wenn sie gezielt ausgeführt werden, besonders von Leuten, die man rein optisch nicht mag. Anders sieht die Sache bei Berührungen auf stark bevölkerten Plätzen aus – damit hat wohl niemand ein Problem ..

Läßt eine Unfähigkeit zu tiefen Schuldgefühlen erkennen bzw. wehrt diese aggressiv ab.

Welche tiefen Schuldgefühle sollte ich denn in meinem Herzen beherbergen? Frankie starb nicht durch mich, und über derartiges schauspielerisches Talent verfüge ich nicht, um Schuldgefühle zu heucheln. Dennoch komme ich nicht umhin zu sagen, daß mir Frankies Verlust recht weh tat.

ES Lebt!

I

Es lebt ... Zwei Worte. Einzig darauf bezogen, Ihnen, werter Leser, einen Einblick zu verschaffen, wie ich dieser abscheulichen, kranken Figur, die zunächst einzig aus Worten bestand, ein Gesicht gab – mein Gesicht –, und sie somit quasi »zum Leben erweckte«.

Man kann einen Gegenstand mannigfaltig um- und beschreiben. Natürlich nur, wenn man unbedarft und absolut frei von Vorurteilen an die Sache herantritt.

Sie wissen nun, in welches Bild ich mich durch die Aussage bei der Polizei rückte und daß ich diesbezüglich per Gutachten weiteres Öl ins Feuer goß.

Etliche dieser meiner Worte sind, wie sollte es anders sein, auch in die Hände der Presse geraten. Da jedoch diese Informationen nicht ausreichten, um ein richtig freakiges Bild von mir zu zeichnen wurden unglaubliche Dinge einfach erfunden.

Auch wurde die Gothic-Szene, die in keinerlei Zusammenhang mit satanischem Gedankengut steht, aus reiner Sensationslust beinahe geächtet. (Es ist ja auch so schön schaurig, wenn man bedenkt, daß sich Tausende schwarzgekleidete Wahnsinnige an den Wochenenden treffen, um die Dämonen der Hölle zu beschwören, und das mitten unter den »Normalbürgern« ... Daß ich nicht lache!) Doch dazu später mehr.

Mal abgesehen von diversen Lügengeschichten, die via Presse und TV verbreitet wurden, mußte ich, angelehnt an meine eigene, selbstkonstruierte Story, auch mit Gestik und Mimik meinen Worten Substanz verleihen.

Es wäre nicht allzu glaubwürdig rübergekommen, wenn ich mich bei Kontakten zu anderen Menschen völlig normal und unauffällig verhalten hätte.

Nein, es mußte schon alles ins Bild passen. Die Presse wollte einen Verrückten, und ich hatte mich durch meine Worte selbst in diese Ecke gedrängt (beabsichtigt, wie sie wissen), wenn auch beileibe nicht so reißerisch wie in den Medien dargestellt. Dennoch sollte es sich als äußerst problematisch gestalten, diesen Schein eines offenkundig Wahnsinnigen aufrechtzuerhalten.

Einige Dinge kamen mir vorerst zu Hilfe.

Zum einen lebte ich im Knast, auf richterliche Anordnung beinahe gänzlich isoliert. Zum anderen gab es einige »mysteriöse« Vorfälle, nach denen man mich eher skeptisch beäugte.

Beispielsweise gelang es mir, vor dem ersten Transport in den Knast die Kette der Fußfessel derart zu beschädigen, daß sie zerriß. Es mag nun seltsam klingen, doch die Beamten, die mich damals ins Gefängnis überführen sollten, staunten nicht schlecht, als ich von Magie faselte und nebenbei bemerkte, ich hätte »aus Versehen« die Kette kaputt gemacht ...

Ein weiterer Vorfall ereignete sich ebenfalls während eines Transportes. Wenn ich mich recht entsinne, war es der 17.07.2001, als man mich mit einem gepanzerten Golf II (!) mit getuneter Maschine (G60?) zur erneuten Befragung durch die Polizei in deren Domizil verbringen sollte.

Kurz nachdem der Fahrer jenes Vehikels mit hohem Tempo aus den Toren der JVA Bochum schoß, quittierte das Getriebe seinen Dienst, und es war fortan nicht mehr möglich, einen Gang einzulegen. Ein trockener Kommentar meinerseits, daß es doch klar sei, weshalb die Kiste nicht mehr fährt – schließlich hätte ich am Vortag übelste Flüche auf alles, was mit der JVA zusammenhing, ausgesprochen, reizte mich innerlich zwar zum Lachen, wirkte auf den Fahrer aber sehr bedrohlich, denn er fragte mich tatsächlich, was genau ich denn gemacht hätte, um sich gleichzeitig einzureden, er »glaube nicht an Hexenspuk« ...

Via Funk wurde ein zweiter Wagen angefordert, und die Besatzung jenes Gefährts machte diesen Vorfall auch gleich zum Gesprächsthema. So erinnerte man sich beispielsweise an einen Mann namens Uri Geller, der in der Lage war, mittels Gedankenkraft Löffel und andere Dinge zu verbiegen. Auf mich gemünzt, schrieb mir einer der Herren nun ebensolche Fähigkeiten zu, da ich ja zuvor schon die Kette der Fußfessel demoliert hatte.

Während der Gefängniseinzelhaft, die ich in einer sogenannten »Schlicht-Zelle« verbrachte, war es mir jedoch nicht möglich, irgendwelche übersinnlichen Fähigkeiten meinerseits als Grund (harhar) für besondere Vorfälle geltend zu machen, da einfach nichts mehr geschah. (Die anderen Vorkommnisse basierten schließlich einzig auf etwas merkwürdigen Zufällen).

Im übrigen wäre es ja auch schlichtweg reichlich dumm gewesen, die diensthabenden Beamten mit irgendwelchen Sprüchen sinn- und grundlos zu traktieren, nur um den »Bösen Schein« zu wahren. Auch das herzliche Verhältnis zu meinen Angehörigen standen diesem Ultrabösen-Image entgegen.

Dies jedoch wußte die Öffentlichkeit nicht. In der »freien« Welt kursierten nach wie vor die übelsten Gerüchte, Dinge wurden quasi »aus dem Nähkästchen erzählt«. Aber nicht die Wahrheit, oh nein – die Wahrheit ist nicht schlagzeilenträchtig genug, da mußte man sich erst noch ein paar pikante Details ausdenken, die die Masse sofort erschaudern läßt.

Nun gut, die Zeit schritt voran, und als auch das Gutachten derart ausfiel, daß man mich mit an Sicherheit grenzender Wahrscheinlichkeit in die »Klapse« stecken würde (immer unter dem Vorbehalt, daß sich alles um 180 Grad drehen könnte und ich nach dem Bekanntwerden der wahren Mordumstände durch Allegra oder sonst wen den Gang nach Hause hätte antreten können), schaltete ich komplett auf »Normalbetrieb« um, und niemand kann mir nachsagen, daß ich im Knast oder bei der Polizei jemals einen Aufstand gemacht oder Personen gar tätlich angegriffen hätte. Warum auch?

Letztlich war es dann soweit. Das Jahr 2001 verabschiedete sich für mich sang- und klanglos. In Gedanken hing ich im Verlauf des 31.12.2001 noch den Geschehnissen nach, den äußerst schönen Stunden, die ich in der Silvesternacht 2000 an der Seite eines lieben Mädchens verbracht hatte (nein, nicht Allegra), und fieberte bereits ein wenig den bevorstehenden Gerichtsterminen entgegen, die mein Leben entweder zerstören oder aber ihm die alte Qualität zurückgeben würden.

Und: ich würde Allegra wiedersehen ...

II

Wir schrieben den 10.01.2002, ein kalter Januarmorgen. Trotz der Ereignisse, die an diesem Tag auf mich warteten, verbrachte ich eine traumlose Nacht. Beinahe unbeschwert war das Gefühl, mit dem ich meinen damaligen Gemütszustand umschreiben könnte. Nun begann er, der Anfang vom Ende, so oder so. Freiheit oder Sklaverei …

Nach einem äußerst kargen Frühstück schaltete ich den Fernseher ein, der sich in der Zelle befand. Im ersten Programm lief gerade die Tagesschau, um diese Uhrzeit gerade mal fünf Minuten lang, und dennoch fand man darin den Platz, um über den Prozessauftakt im sogenannten „Satansmord» (was für ein armseliges Wort) zu berichten. Aufgrund der immens vielen Lügen, die in diesem Zusammenhang schon verbreitet worden waren, registrierte ich diesen Bericht mit ruhiger Gelassenheit.

Ich kam mir beinahe so vor, als ginge ich nur »zum Spaß«, und aus freien Stücken zu jenem Termin – der arme Frankie hatte zwar auf grausame Weise seinen Tod gefunden, doch war nicht ich es, der dies verursacht hatte. Folglich war ich recht locker auch was mein bevorstehendes Verhalten im Gerichtssaal anging, frei nach dem Motto: »Leckt mich – was wollt ihr denn?! Ich habe doch eh nichts damit zu tun!«

Kurz nach dem Mittagessen brachte man mich in die Kleiderkammer. Meine Eltern hatten schon zu Anfang der U-Haft einen Koffer mit privaten Anziehsachen in der JVA abgegeben. Dummerweise hatte nicht eines meiner bevorzugten Band-Shirts den Weg an diesen Ort gefunden. Notgedrungen musste ich mich für ein helles Hemd und eine schwarze Hose entscheiden.

Der Transport vom Gefängnis zum Gerichtsgebäude wurde in einem Affentempo zurückgelegt. Mit Blaulichteinsatz brauste der anstaltseigene VW-T4-Bus durch die Bochumer Innenstadt, um eventuelle Befreiungsschläge von draußen im Vorfeld abzuwürgen, aber auch um lästige Reporter abzuschütteln, die man nahezu hinter jedem Baum erkennen konnte.

Am Bestimmungsort angekommen, kam der Bus schließlich in einer Art Tiefgarage zum Stehen. Ein Tor wurde anschließend hinabgelassen, um jegliche Flucht sowie neugierige Blicke von außen unmöglich zu machen. Die Beschäftigten des gerichtseigenen Zellentraktes nahmen mich nach dem Aussteigen direkt in Empfang und befreiten mich zunächst von meinen Fesseln, was mich einigermaßen verwunderte, da mich diese Leute ja nicht kannten, mir aber dennoch in Anbetracht der wahren Umstände (von denen niemand etwas wußte) angemessen erschien.

Kurze Zeit später erschien auch mein Anwalt, der mich begrüßte und mir sagte, er wolle in wenigen Minuten zu mir kommen, um noch diverse Dinge zu besprechen.

Zwei Beamte im Schlepptau, schritt ich alsbald einen hell erleuchteten Gang hinab, bis man mir gebot, stehen zu bleiben. Eine Metalltür mit der Aufschrift »20« wurde geöffnet und gab einen Raum preis, in dem ich bis zur Eröffnung des Verfahrens ausharren sollte. Eine typische Wartezelle, vollgekritzelt mit mal mehr, mal weniger sinnvollen Sprüchen, eingerichtet mit Toilette, Waschbecken, Holzbank und im Boden verankertem Tisch. Alles in allem mutete dieser Raum an wie ein überdimensionaler Sarg, und spontan kam mir in den Sinn, daß Menschen, sollte man sie in einem ähnlichen »Loch« über lange Zeit einsperren, entweder verrückt werden müssen oder sterben würden, ganz einfach mangels irgendeiner Beschäftigung.

Nach ein paar Minuten kam mein Anwalt. Er begrüßte mich erneut und tat mir kund, daß er es nach Rücksprache mit dem vorsitzenden Richter erreicht hätte, daß ich Allegra noch vor Verfahrenseröffnung sehen konnte.

Tja, was soll ich sagen? Ein unbeschreibliches Hochgefühl machte sich in mir breit. Zwar war ich im Vorfeld schon darüber im Klaren gewesen, meine heißgeliebte, angebetete Frau und Herrin wiederzusehen, doch als mir dieses Ereignis tatsächlich zum Greifen nah war, wirkte es sich wie eine Glücksdroge auf meinen Körper aus. Gleichzeitig überfielen mich einige Sorgen. Würde ich Allegra noch gefallen?? Ich trug kein besonderes Outfit, keinerlei Piercings, keine ausgefallene Frisur ...

Wie auch immer, das erste Wiedersehen nach sechs Monaten verlief recht unspektakulär. Allegra war die Haftzeit, zumindest was ihr Äußeres betraf, nicht anzumerken. Schön und bezaubernd wie eh und je stand sie vor mir, umarmte mich, und ich fühlte mich neben ihr plötzlich so klein und hilflos. Am liebsten hätte ich einen Entlassungsschein, der ihren Namen trug aus der Tasche geholt und sie einfach in die Freiheit entlassen.

Noch während ich vor ihr stand, machte ich mir Vorwürfe: Hatte ich auch wirklich *alles* getan, um diesen wunderbaren Engel zu entlasten? War mir auch kein Fehler unterlaufen, der ihr möglicherweise zum Verhängnis werden könnte? Meine Augen klebten förmlich an ihr, und das Bild, das sie bot, blendete all die Dinge, mit denen sie mich schwer belastet hatte, wie auch die Gefahr, die diese Frau für meine Familie bedeutete, sollte ich auspacken, gänzlich aus. Auch an diesem schrecklichen Ort, nach dieser Zeit gab es nur sie: Allegra!

Einen Augenblick später erschien der Richter, dessen Urteil zu einem späteren Zeitpunkt mein Leben begraben sollte, und wollte wissen, ob ich im Gerichtssaal irgendwelche Schwierigkeiten machen würde bzw. ob es notwendig sei, mir Fesseln anzulegen. Diese Frage weckte ungeahnte Heiterkeit in mir. Mal angenommen, ich wäre tatsächlich geistig derart verschroben, daß ich vorgehabt hätte, im »Saale der Gerechtigkeit« den Aufstand zu proben. Welcher Dummkopf hätte denn diese Frage mit einem »Ja« erwidert? Unglaublich!

Indes, nach viel zu kurzen Minuten wurde ich erneut von Allegra getrennt. Auf dem Weg zurück in die Wartezelle brachte mir mein Anwalt schonend bei, was für ein gigantischer Auflauf der Sensationspresse sich im Saal befinden würde. O-Ton: Er habe bei keinem anderen Fall eine derartige Medienpräsenz erlebt.

Verehrter Leser, an dieser Stelle muß ich anmerken, daß selbst mein Anwalt zu diesem Zeitpunkt keinerlei Kenntnis von den wahren Vorfällen des 06.07.2001 hatte. Die Verteidigung zielte schlicht darauf ab, eine Lebenslängliche Freiheitsstrafe abzuwenden. »Lebenslänglich« – dies hätte bedeutet: Minimum 15 Jahre Haft. Wäre obendrein durch das Gericht eine »besondere Schwere der Schuld« festgestellt worden, hätte ich frühestens nach 20 Jahren Freiheitsentzug ein Gesuch auf Aussetzung der Strafe zur Bewährung stellen können. Für meinen Anwalt, wie das Gericht war jedoch das psychiatrische Gutachten maßgebend. Wird bei einem Menschen, der eine schwere Tat begangen haben soll, eine »verminderte Schuldfähigkeit« bzw. eine »Schuldunfähigkeit wegen seelischer Störungen« festgestellt (Paragraph 21,20 STGB), so ordnet das Gericht eine »Unterbringung in einem psychiatrischen Krankenhaus« an (Gemäß Paragraph 63, STGB).

Allerdings darf man eines nicht vergessen: Der letztlich ausgesprochene § 63 ist äußerst flexibel. Unter Umständen ist eine lebenslängliche Freiheitsstrafe kürzer als das ausgesprochene Urteil »15 Jahre inkl. Unterbringung in einer Psychiatrie«. Mittels des § 63 ist es nämlich möglich, die »Freiheitsstrafe« bis zum natürlichen Tod des Verurteilten in Kraft zu halten. Weiter im Text: Aufgrund der wenigen aber aufgebauschten Informationen waren die Medienleute natürlich heiß darauf, nun auch einen besonders »durchgeknallten« Typen vor die Kameras zu bekommen. Auch mein Anwalt war dieser Auffassung, und so überlegten wir gemeinsam, wie man dem »Mob« geben könnte, wonach er verlangte. Abermals erschien mir diese Situation gleichermaßen lustig wie auch zugleich krank. Man stelle sich vor: Da hockt man in einer Zelle des Bochumer Landgerichtes, angeklagt wegen eines Mordes, den man nicht begangen hat, und schmiedet Pläne, wie man den oben wartenden Journalisten ein möglichst gutes Fotomotiv bietet. Absurd, nicht wahr?

Nun, bald schon sollte es soweit sein. Zwei äußerst freundliche Beamte (von denen mir einer an einem weiteren Prozesstag sagte, ich sei doch »völlig in Ordnung« und er wolle draußen gern mal ein Bier mit mir trinken) führten mich durch den röhrenförmigen Gang bis hin zu einem kleinen Fahrstuhl, den ich gemeinsam mit den Herren betrat.

Die Fahrstuhlkabine wies ebenfalls einen durch eine Zwischenwand sowie Tür unterteilten Bereich auf, wie ich ihn schon aus dem Lift des Polizeipräsidiums kannte. Trotz der Enge dieses Gefährts beließ man mich im »Vorraum« des Fahrstuhls, wo ich mit den beiden Beamten (die zudem beide einen Kopf kleiner waren als ich) quasi auf Tuchfühlung stand.

Nach kurzer Fahrt verebbte das Surren des Elektromotors, die Tür schwang auf, und das erste, was ich sah, war die Mp 5 eines in Schutzkleidung postierten Polizeibeamten, der vom Gesicht her höchstens 20 Jahre alt gewesen sein mochte und in dessen Augen sich Unsicherheit mit Angst vermischte. Ich trat also aus der Kabine, wobei ich einem der Justizbediensteten den Vortritt ließ, passierte weitere, schwer bewaffnete Polizisten und gelangte nach wenigen Metern in den Gerichtssaal.

Ich muß sagen: Wirklich beeindruckend, was sich vor meinen Augen abspielte. Keine Ahnung, wie viele Fotographen bei einer Oscarverleihung zugegen sind, doch mehr als diese illustre Ansammlung von Reportern jeder Coleur können es auch nicht sein. Jedenfalls, erst ab diesem Zeitpunkt konnte ich mit dem Wort »Sensationsjournalismus« auch ein Bild verbinden. Unter vollem Körpereinsatz versuchte ein jeder den besten Platz für das »beste« Foto zu bekommen. Wirklich – es sah aus wie bei einer Raubtierfütterung im Zoo …

Tja, was dann von meiner Seite folgte, ist bekannt: Die obligate »Pommes-Gabel« (Zeige- und kleiner Finger von der Faust abgespreizt), ein wenig »böse gucken« (huch! evil!) und der sogenannte »Stinkefinger«, den ich von links nach rechts und schön langsam schwenkte, damit auch jeder ein ganz »persönliches« Bildchen sein eigen nennen konnte.

Es ist wirklich schwer nachvollziehbar, wie schnell die breite Masse durch ein paar Gesten und einige »bösartige« Sprüche zu betrügen ist und ihr Urteil fällt.

In Anbetracht dessen ist es für mich nun auch kein Rätsel mehr, weshalb es den kirchlichen Inquisitoren dereinst gelang, derart viele Frauen und Männer des Paktes mit dem Bösen zu bezichtigen, denn das Schauspiel, das ein brennender Leib dem Pöbel bot, war doch »besser«, als daß sich plötzlich herausstellte, daß ein Unschuldiger dem Feuer verantwortet wurde … Uh, wie langweilig …

Schon im alten Rom erkannten die jeweiligen Machthaber, daß einzig »Brot und Spiele« die Dinge seien, nach denen sich das Volk verzehrte. Das hat sich bis heute nicht geändert …

Doch zurück zum Kern der Sache.

Wie bereits bekannt, schwieg ich nahezu gänzlich während der gesamten Gerichtsverhandlung. Einzig einige eiskalte Sprüche ließ ich verlauten. Ich sagte Dinge, die mir unter normalen Umständen nie über die Lippen gekommen wären, die jedoch in die aufgepeitschte Stimmung passten und das Feuer wie auch die Abneigung gegen mich schürten. Hauptsache, ich konnte den Zorn der Leute auf mich ziehen, so daß Allegra weitmöglichst ihre Ruhe hatte.

So sagte ich beispielsweise einem Reporter, daß die Eltern auch geheult hätten, wäre Frankie bei einem Flugzeugabsturz ums Leben gekommen … Während der Verhandlung ließ ich verlauten, daß bei einem Autounfall, bei dem ein Fußgänger überfahren wird und dessen (Achtung, dramatisch!) halber Kopf blutverschmiert am Kühlergrill hängt, der Fahrer die Schuld erhält, nicht aber das Auto …

Ja, ich weiß, das sind reichlich krasse Worte, und sie wirkten in diesem Zusammenhang völlig gefühlskalt, aber ich belastete objektiv betrachtet weder Allegra» noch mich. Und das zählte. Geht man diese Sache einmal absolut nüchtern an, erkennt man erst den tieferen Sinn meiner Sätze.

Ich habe mit Frankies Tod nichts zu tun. Wäre dieser bedauernswerte Bursche z.B. Opfer eines Raubmordes geworden und ich hätte davon erfahren, wäre ich natürlich geschockt gewesen. Ich hätte mich bei der Beerdigung sehen lassen und ihm, schon allein aus Freundschaft, die letzte Ehre erwiesen, sowie seinen Eltern mein Beileid ausgesprochen. Dies ist eine völlig normale Handlung in einem solchen tragischen Fall.

Das Beispiel mit dem Auto bezog sich primär auf die Story mit den »Visionen«. Sekundär jedoch schuf es einen Spielraum, durch welchen man den wahren Täter hätte einfügen können oder zumindest jemanden, der um die genauen Umstände von Frankies Ableben wußte.

Wie dem auch sei, den Vogel in punkto »Unbeliebtmachen« schoß ich in einem Interview der Zeitschrift »MAX« ab. Ursprünglich war angedacht, durch dieses Interview etliche Unwahrheiten zu widerlegen, die demselben Reporter, der damals vor mir saß, von einigen Typen, mit denen ich zwar des öfteren etwas unternommen hatte, die ich jedoch zu keiner Zeit zu meinem engsten Freundeskreis zählte, berichtet worden waren.

Dazu kam es jedoch nicht. Zu weit war die Verhandlung fortgeschritten, als daß ich mich nun plötzlich »normal« geben konnte. Mein Anwalt hatte mir gesagt, daß Allegra generell auch verurteilt werden würde, diese Information konnte ich jedoch nicht mehr verwerten (bezüglich des Interviews). Also log ich dem Reporter nach allen Regeln der Kunst »die Hucke voll« und präsentierte mich vorzugsweise eiskalt. Doch ich schaffte es nicht immer, ein Lachen zu unterdrücken, da meine Erzählungen ungeheuer banal waren und der Reporter vor Staunen ganz große Augen bekam.

Der »Rest« ist, im Vergleich zu den vorangegangenen Geschehnissen, recht schnell erzählt. Das Urteil wurde letztlich doch gefällt, Allegra erhielt 13, ich selbst 15 Jahre Haft inkl. Unterbringung in einer Psychiatrie.

Ich will dieses Büchlein jedoch nicht so Knall auf Fall enden lassen. Es müssen noch einige Dinge gesagt und geklärt werden, die mir am Herzen liegen, die aber in den anderen Kapiteln keinen Platz fanden: meine ganz persönlichen Ansichten.

Ansichten

I

Anfang Mai, 2003.

Dieses letzte Kapitel meines, sozusagen, Tatsachenberichtes werde ich nutzen, um vorzugsweise etwas Licht in das Thema »Satanismus« zu bringen.

Es wurden viele wirre Dinge diesbezüglich gesagt, die ich so nicht stehen lassen will und kann. Wohlgemerkt, jeder kann und soll für sich selbst entscheiden, wie er mit diesem ab und an brisanten Phänomen umgeht. Ich spreche hier einzig für mich und tue somit meine Ansichten kund.

Es existieren viele Geschichten darüber, die vom Fall Sathanaels aus der höchsten Sphäre, des augenscheinlich sieben Stockwerke umfassenden Himmels berichten. Diese »Legenden« jedoch wurden alle von Menschenhand niedergeschrieben. Es gab und gibt keine Mächte, die, von wo auch immer, einem auserwählten Menschenkind ihre Worte zum Diktat zuflüster(te)n.

Es dürfte mittlerweile jedem klar sein, daß die Teilung einer Macht in Gut und Böse, einzig der Kirche zugute kommt und somit plötzlich Jahwe wie auch Sathanael zu simplen Zugpferden verkommen, um die gutgläubigen Leute bei der Stange zu halten. Selbst heutzutage haftet der Kirchensteuer ein äußerst fader Beigeschmack an, denkt man einmal an die Ablassbriefe längst vergangener Zeiten.

Und: der Aberglaube ist noch immer in den Köpfen der Menschheit verwurzelt. Ganze Länder werden mit einem mal zur »Achse des Bösen«, parallel dazu gibt es dann auch, wie könnte es anders sein, natürlich die »Aufrechten«, die sinnbildlich mit flammenden Schwertern gegen die »Abtrünnigen« vorgehen und deren Gräueltaten nicht ins Gewicht fallen, da diese verschrobenen Geister schließlich für das »Gute« einstehen und kämpfen.

Ich weiß nicht, wer Gott ist! Ich weiß nicht, wer dessen Widersacher sind. Ich weiß nicht, wer der »Gute« und wer der »Böse« ist. Und wissen Sie was? Es interessiert mich auch gar nicht! Welcher Mensch kann seinen Brüdern sagen, welche Glaubensform die richtige ist?

Das Christentum als Maß aller Dinge? Der Islam als sinnvolle Alternative? Der Hinduismus als offene Hintertür? Der Buddhismus, oft neu entdeckt als Imagepolitur?

Und der Satanismus? Wie steht es mit dieser Sub-Religion?!

In der westlichen Welt wird dem Wort »Satan« alles Schlechte, alles Niederträchtige zugeschrieben. Teils aus Unwissenheit, teils aus dem Glauben heraus, »Satan« sei der Feind und schärfste Widersacher Gottes.

Ich möchte an dieser Stelle nicht auf die unvorstellbaren Grausamkeiten eingehen, die einst von Christen im Namen ihres Herrn an den sogenannten »Ungläubigen« begangen wurden, denn diese blutrünstigen Geschichten sind wohlbekannt und schon bis zum Erbrechen diskutiert worden. In diesem Punkt herrscht jedoch eindeutig der Dualismus vor. Getreu dem Leitsatz: Bist du nicht für mich, bist du gegen mich!

Es gibt Menschen, die den wahren Satanismus in ein unglaublich schlechtes Licht gerückt haben. Ich spreche mich nicht frei davon, durch mein Schweigen in diesem auch mich betreffenden Mordprozess einiges dazu beigetragen zu haben, was jedoch nicht in meiner Absicht lag. Ich hoffe, man sieht es mir nach, doch es war mir zu diesem Zeitpunkt nicht möglich, diese Ideologie außen vor zu lassen.

Mein Zorn jedoch richtet sich gegen all jene, die unter dem Zeichen des inversen Pentagramms, unbeschreibliche Taten begehen, die keinerlei Ahnung haben, was einen Satanisten tatsächlich ausmacht, und mit ihrem Tun eine ganze Bewegung in Verruf bringen.

Durch das Christentum hat man es generell schon schwer, bekennt man sich offen gegen Gott. Sofort wird man dann mit irgendwelchen Dingen in Verbindung gebracht, die die meisten Leute vermutlich in Hollywood- Filmen gesehen haben. Düstere Platze, an denen Jungfrauen für die Bestie geopfert werden, blutige Orgien, bei denen man Kinder kocht und Tiere schlachtet …

Das Schlimme daran ist, daß es in unserer Gesellschaft immer wieder Zusammenschlüsse von abartigem Gesindel gibt, die das offenkundig »böse« Bild, das dem Satanismus unzweifelhaft anhaftet, für ihre kranken, perversen Ideen mißbrauchen. Diese Menschen haben nichts verstanden. Ich bezweifle, daß auch nur einer dieser verdrehten Kreaturen sich auch nur ein Mal konsequent mit der Bibel an sich, wie auch mit einigen, sagen wir mal, Standardwerken des Satanismus auseinandergesetzt haben.

Es ist ein Unding, *gegen* etwas zu sein, das man gar nicht richtig kennt. Ich kann nicht einfach daherkommen, und über Jesus und das Christentum herziehen, wenn meine ganze Erfahrung mit dieser Religion auf dem Religionsunterricht der Grundschule basiert.

Denn: In der »heiligen Schrift« gibt es zur Genüge Passagen, die vor Blut nur so triefen. Wenn also irgendwelche Dummköpfe sich einbilden, man müsse sich auf die Seite »Satans« schlagen, um quasi eine Art Rechtfertigung für ihre widerlichen Taten zu haben, dann sollten sich diese Freaks mal ins Bewußtsein rufen, daß das Schlachten von Menschen eher eine »Tradition« des Christentums darstellt …

Der Satanismus, dieses Wort an sich, ist ohnehin nur als eine Art Oberbegriff zu betrachten. Satanismus bedeutet in erster Linie: *Rebellion*! Rebellion gegen die mannigfaltigen Zwänge unserer Gesellschaft. Der zweite Punkt, der mit einfließt, heißt *Selbstverwirklichung*! Lebe dich aus, pflükke deine Träume, doch füge niemandem Schaden zu!

Fest damit verbunden ist jedoch die geistige Gesundheit eines jeden, der sich diese Bekenntnisse auf die Fahne geschrieben und verinnerlicht hat.

Es geht im Satanismus nicht darum, irgendwelche etwaige Gegner auszuschalten oder gar irdische Tempel anderer Glaubensrichtungen niederzubrennen. Auch ist es nicht vorgesehen, Kriege gegen Christen, Juden oder Moslems zu führen, um nur die wichtigsten Gruppen zu nennen. Zwar hat niemand etwas dagegen, diese Leute zu belächeln, wenn sie zu fest vorgegebenen Zeiten, auf welche Art auch immer, ihren Gebetsriten nachgehen, doch ist es verwerflich, um nicht zu sagen idiotisch, in der Hoffnung, auf eine »bessere Stellung« im Jenseits (?) Hand an Menschen und Dinge zu legen, die sich gesittet und friedlich verhalten.

Selbst wenn radikale Gruppen zum Kampfe rufen, so ist es nicht die Aufgabe eines Satanisten, präventive Maßnahmen zu ergreifen, sondern sie sollten diese Aufgabe den zuständigen Behörden überlassen!

II

Großes Unverständnis und auch Bedauern muß ich an dieser Stelle über die Berichte aussprechen, die im Rahmen des Prozesses die Bevölkerung über angebliche Satanisten aufzuklären versuchten. Mir ist bewußt, daß es nicht viel Material gibt, mit denen die Medien hätten arbeiten können. Um so schlimmer ist es jedoch, das Volk mit »Fakten« zu versorgen, die nicht der Wahrheit entsprachen.

Speziell habe ich in diesem Zusammenhang einen Filmbeitrag vor Augen, nach dessen Betrachten ich nur noch kopfschüttelnd vor dem Fernsehgerät saß.

Großartig als Reportage über Satanisten angekündigt, verkam dieses Machwerk zu einem lächerlichen Mummenschanz einer Laienspielgruppe. Wie auf Befehl tanzten einige schwarzgekleidete Leute um ein steinernes Kreuz.

Im Anschluß an diesen Reigen gab der Anführer (der mächtige Hohepriester) bereitwillig ein Interview, was denn normalerweise die Aktivitäten auf diesem Friedhof seien usw.

Ein anderer Bericht zeigte einige Personen in schwarzen Umhängen, lässig über die Schultern geworfen und den Blick auf einen hellbeigen Pullover freigebend, die mit Kerzen in den Händen in einem Raum standen. Eine große Pentagrammfahne (Spitze nach oben!) hing über einer halbnackten Frau, die sich auf einem Tisch räkelte … Kein Kommentar!

Das Traurige ist, daß durch derartige Berichte mit regiegestützer Handlung die breite Masse, die den Satanismus tatsächlich nur aus irgendwelchen Filmchen aus der Traumfabrik kennt, beständig für dumm verkauft wird. Diesbezüglich sagte ich zu einem Reporter, der damals im Gericht zugegen war, es gäbe fürwahr nur noch »Kloakenjournalismus« in diesem Land.

Des weiteren machte der Medienrummel die Geldgier der Leute deutlich.

Egal, ob diese Menschen überhaupt etwas zu sagen hatten – falls nicht, wurde eben einfach was erfunden, das irgendwie ins Konzept passte. So sollte ich beispielsweise in einer Band namens »Bloodsucking Freaks«, die sich dem Death Metal verschrieben hatte, herausgeflogen sein, da ich als Textschreiber (!) zu krasse Songs machte, die nur von Tod, Selbstmord, Blut usw. gehandelt haben sollen.

Tja, lieber Leser, was paßt hierbei nicht zusammen? Richtig – Wovon handeln denn die Texte anderer Death-Metal-Kapellen, wie z.B. »Six feet under«?

Überraschung: von Tod, Selbstmord, Blut, usw.

Wie unsinnig ist es, den Songwriter aus einer Band namens »Bloodsucking Freaks« hinauszuwerfen, nur weil dessen Texte sich mit den Hauptthemen des Death Metal beschäftigen?

Paradox, nicht wahr?

Auch stellte sich damals beispielsweise einer meiner früheren »Hangarounds« an einen See, ließ sich großartig während eines Interviews filmen und gab einen ähnlichen Schwachsinn von sich, daß der See als Treffpunkt diverser Satanisten diente, obwohl es zu belegen ist, daß, unter Beisein jenes Menschen dort lediglich einige Schwarzweiß-Bilder geschossen wurden, auf denen er selbst zu sehen ist …

Wie dem auch sei, ich könnte diese Litanei seitenweise fortführen, und doch würde es nichts am Geschehenen ändern. Fakt ist, Frankie ist und bleibt tot, und auch ich kann ihn nicht durch das Schreiben eines Buches wieder zum Leben erwecken.

Mein tiefstes Mitgefühl liegt bei seinen Angehörigen, seiner Mutter, seinem Vater wie auch seiner Schwester.

Möglicherweise lesen gerade diese Personen mein Buch, und daher werden sie nun vielleicht verstehen, weshalb ich mich im Gerichtssaal von einer derart kalten Seite zeigte…

Ich weiß nicht, wie es sich anfühlt, ein geliebtes Mitglied der Familie zu verlieren, doch bin ich mir sicher, der Schmerz ist immens.

Die grausame Art und Weise, auf welche Frankie zu Tode gekommen ist, ist an Brutalität kaum zu überbieten.

Ich kann nicht sagen, was in einem Menschen vorgehen muß, um eine solche Tat auszuführen bzw. welche Beweggründe man haben muß, um es gutzuheißen, sich derart am Leben zu vergehen.

Doch mir ist eines mit Sicherheit klar:

Der Wahnsinn wird nicht enden. Frankie war nicht das erste Opfer, das von einer Bande von Durchgedrehten ermordet wurde, und weitere werden folgen.

Vor wenigen Tagen erst erreichte mich ein Schriftstück, die Kopie eines polizeilichen Einsatzberichtes.

Amtlich festgehalten ist darauf folgender Umstand: Ein mir bekannter Mann erhielt von einem Bekannten Allegras Mordaufträge via Telefon und SMS. Genauere Details ließen erkennen, daß jener mir bekannte Mann den Befehl erhalten haben soll, seine Freundin zu essen! Wie erwähnt, dies ist polizeilich festgehalten und entspringt nicht meiner Phantasie.

Wie Sie aus den vorherigen Seiten bereits entnehmen konnten, war ein weiterer Grund für mein Schweigen die Sorge um meine Angehörigen. Es ist Fakt, daß es Typen gibt, die aus Überzeugung Leute »aus dem Weg« räumen. Mir ist auch bekannt, daß ich durch das Schreiben dieses Buches etlichen dieser Menschen nicht in den Kram passe und mich wie auch meine Familie einer großen Gefahr aussetze …

Dennoch sollen Frankies Mörder wissen, daß ich frei bin von Furcht und allen Zweifeln und mich weder von Drohungen noch von irgendwelchen Taten einschüchtern lasse!! Und: Ihr könnt nicht ewig davonlaufen!

Bis zum heutigen Tage frage ich mich, wie mein Leben wohl verlaufen wäre, hätte ich diese Anzeige niemals aufgegeben.

Vermutlich wäre ich nun Leiter einer Kfz-Werkstatt, hätte meinen Wagen, mein Einkommen, eine Wohnung, und sicherlich wäre ich noch immer mit jener Frau zusammen, mit der ich den letzten Sylvesterabend in Freiheit verbrachte. (Ich hoffe es geht Dir gut!)

Im Teenageralter sah ich einmal einen Bericht, in dem von unschuldig Verurteilten die Rede war. Am darauf folgenden Abend diskutierte ich mit meinen Eltern über dieses Thema. Mir war klar, daß es für jeden der absolut schlimmste Alptraum sein müsse, zu Unrecht der Freiheit beraubt zu werden.

Auch heute noch gibt es zur Genüge Fälle, in denen von Menschen die Rede ist, die Jahrzehnte für nichts und wieder nichts hinter Gittern saßen. Und auch hier gleicht kein Fall dem anderen: Mal schwieg jemand aus Furcht vor Rache, mal war man einfach zur falschen Zeit am falschen Ort.

Seit ewigen Zeiten richten Menschen über ihresgleichen.

Dies geschieht tagtäglich. Da ist zum Beispiel eine Gruppe junger Frauen, die die Männerwelt nur nach deren Kleidung beurteilt. Da ist der Mafiaboss, der ein »unsicheres« Mitglied seiner Organisation präventiv erledigt, um spätere, eventuelle Nachteile, die durch diesen Mann entstehen könnten, gar nicht erst auftreten zu lassen.

Da ist der Richter, der sich vom Druck der Bevölkerung zu einem Todesurteil hinreißen lässt, obwohl er selbst gar nicht hundertprozentig von der Schuld des Angeklagten überzeugt ist.

Eine Meinung wird rasch gefällt, ein Urteil schnell gesprochen, und überall, wo Menschen am Werk sind, ist der Irrtum mit von der Partie. Manchmal nur in Gedanken und oftmals unbemerkt – dann wieder brachial hervorbrechend und große Wunden reißend. Das Schicksal des Einzelnen, des Individuums, was zählt es noch in der heutigen Zeit? Hat es überhaupt jemals etwas bedeutet? Oder darf es gar überhaupt nichts zählen? Nehmen wir uns alle zu wichtig?

Oft konnte ich beobachten, daß Menschen erleichtert aufatmeten, wenn der Kelch des Schicksals wieder einmal an ihnen vorüberging. Denn – solange es mir selbst gut geht, was interessieren mich dann die Mißstände und das persönliche Unglück meines Nachbarn?

Sobald ich zu Hause im Kämmerlein sitze, den Wagen vor der Tür, das Portemonnaie gut gefüllt und der Tisch reich gedeckt – was kümmert mich dann noch der Penner, der vor dem Einkaufszentrum in seinem eigenen Erbrochenem lag? »Ja, ja, schlimm, schlimm, aber laßt mich damit in Ruhe!«

Wie auch immer, ich will mir nicht weiter anmaßen, über das Thema »Menschlichkeit« zu philosophieren, denn was »menschlich« sein tatsächlich bedeutet, muß jeder für sich selbst herausfinden …

Was mich betrifft, ich suche nicht die Schuld für meine Misere bei anderen. Einzig eines der stärksten Gefühle, die man als denkendes Wesen entwickeln kann, mache ich dafür verantwortlich, *die Liebe*. Nie zuvor habe ich einen Menschen derart geliebt, derart vergöttert wie Allegra. Die Liebe zu ihr machte mich blind, und das uneingeschränkte Vertrauen, das ich in sie setzte, brachte mir wie auch Frankie die völlige Verdammnis.

Die Beziehung zu ihr hat mich verändert, radikal verändert und ausgebrannt, wie leer zurückgelassen. Heute weiß ich: Allegra hat mich nicht geliebt, niemals geliebt, nicht mal ansatzweise. Das, was sie mir antat, indem sie mich von Anfang an benutzte und quasi als Höhepunkt in den Mord mit Frankie mit hineinzog, zeugt von einem ultimativen Haßgefühl, das sie mir entgegenbrachte, doch immer geschickt verbarg.

Mir ist nicht bewußt, was ich ihr angetan habe, um ihr Handeln zu rechtfertigen und mich derart zu strafen.

Gibt es überhaupt etwas, das eine solch niederträchtige Vorgehensweise billigt?!...

Ich weiß nicht, was mir die Zukunft bringen mag.

In den Nächten, wenn Ruhe hinter den dicken Mauern eingekehrt ist, stehe ich am Fenster und lausche den lang entbehrten Geräuschen der Dunkelheit, entsinne mich der längst vergangenen schönen Zeiten, und weiß, daß ich nicht mehr lange aushalten werde …

Ich war Dani Sundown … ich bin schon längst tot.

Anhang

Polizeiliches Vernehmungsprotokoll in ungekürzter Form

Am 12.07.2001, 18:45 Uhr aus dem Polizeigewahrsam Bochum den Diensträumen der Mordkommission zugeführt, erscheint der Daniel R., weitere Personalien bekannt.

Mit ihm wurde zunächst ein kurzes Vorgespräch geführt.

Sodann wird er wie folgt belehrt: Mir wird hier erklärt, daß ich beschuldigt werde, einen Menschen getötet zu haben. Mir wird erläutert, daß es mir freigestellt ist, zu dieser Beschuldigung hier und jetzt Angaben zu machen. Ich werde gefragt, ob mir bekannt ist welche Rechte jemand hat, der einer Straftat beschuldigt wird.

Dazu habe ich gesagt, daß mir das bekannt ist. Ich weiß also, daß ich bei der Polizei nicht Aussagen brauche. Ich weiß, daß ich jegliche Angaben zur Sache verweigern kann.

Ich weiß auch, daß ich mich zu jeder Zeit anwaltlicher Hilfe bedienen kann. Ferner weiß ich, daß ich auch das Recht habe bestimmte Anträge zu stellen.

Ich werde gefragt, ob ich eines dieser Rechte in Anspruch nehmen möchte und erkläre dazu:

»Fragen Sie mich, ich werde antworten. Einen Anwalt brauche ich nicht. Sie stellen die Fragen, ich antworte darauf.«

Zur Sache:

Frage:
Herr R., wie geht es Ihnen?

Antwort:
Ja, es läuft, so ist das.

Haben Sie irgendeinen Wunsch, können wir Ihnen den Aufenthalt den Umständen entsprechend so angenehm wie möglich machen?

Ich möchte gern ein Wort mit meiner Frau sprechen, aber ich glaube, den Wunsch können Sie mir nicht erfüllen.

Leider nicht.

Ich bekomme hier die Gelegenheit zu rauchen. Außerdem wurde mir etwas zu trinken gereicht.

Haben Sie eine Ahnung, warum sie heute festgenommen wurden?

Es ist klar, es geht um einen Ritualmord bzw. um die Opferung eines Menschen. Satan schrie schon vor langer Zeit nach einer Seele, und der Zeitpunkt war reif.

Können Sie sich vorstellen, daß dies für uns sehr schwer vorstellbar ist?

Ja, der menschliche Gedanke kann sich das nicht vorstellen.

Ich denke mir, daß mich die Polizei wegen eines Ritualmordes festgenommen hat.

Wer hat denn den Ritualmord begangen?

Das weiß ich nicht mehr. Am Ende steht man vor einem vollendeten Werk.

Bedeutet das, daß man irgendwie fremdgesteuert ist?

Wenn mein Körper tötet, um im nächsten Leben eine bessere Stellung zu bekommen, dann macht das Sinn. Das Christentum spielt eine große Rolle im Satanismus. Er ist der Glaube für Sklaven.

Sie haben vorhin gesagt, am Ende steht man vor einem vollendeten Werk. Was war denn aus Ihrer Vorstellung heraus das vollendete Werk?

Daß da einer blutüberströmt lag. Man erhält den Auftrag Satans, man sucht sich eine Person, aber die Ausführung liegt in seiner Hand. Es ist ein unbeschreibliches Gefühl, man kriegt das gar nicht mit.

Das »Werk«, das nach Ihren Worten Ihr »Körper« vollendet hat, war das ein Mensch?

Ja, es war nur ein Mensch.

Wie hieß denn dieser Mensch?

Das wissen Sie doch, der F. H. war ein ehemaliger Arbeitskollege.

Wieso ausgerechnet er?

Die Leute scheißen sich ein vor unserem Denken, damit meine ich meine Frau und mich. Wir sind für die zu abstrakt.

Das war keine Antwort auf meine Frage. Warum der Frankie H.?

Dieser Mensch war relativ lustig. Warum Satan nicht einen neuen Hofnarren schenken? Damit haben wir dann wieder etwas gut.

Hätte nach Ihrer Vorstellung auch jemand anders dazu dienen können, um das Werk zu vollenden? Warum speziell der F.H.?

Er war der einzige, mit dem man sich ganz gut unterhalten konnte. Wir hätten auch einen von der Straße nehmen können. Das Sterbliche ist von vornherein dem Verfall ausgelegt.

Wir beschuldigen Sie konkret, den Frankie H. getötet zu haben. Dies ist eine strafrechtliche Beschuldigung.

Sie können meinen Körper beschuldigen, den Körper meiner Frau beschuldigen, aber nicht unseren Geist. Satan gibt einem die Befehle, wie man das ausführt. Und dann macht man das. Es soll so sein, es soll auch so sein, daß ich jetzt hier sitze. Und wenn es kommt, daß Satan einen nicht mehr haben will, dann muß der weg.

Es ist kein Verbrechen etwas zu nehmen, was vorher nicht da war. Es sind wie Mikroorganismen. Wenn die Eltern vor 15 Jahren die Kinder nicht gezeugt hätten, dann wären die Leute gar nicht da.

Herr R., es fällt mir sehr schwer, das nachzuvollziehen.

Ja, Sie meinen, ich wäre verrückt. Ich habe aber einen anderen Draht, einen Draht nach unten.

Herr R., nach meinem Verständnis beschuldige ich weiterhin Sie, und nicht Ihren Körper. Ich kann nach meinem Verständnis nicht akzeptieren, daß Sie sagen, es war nur mein Körper.

Herr R., wann Ihrer Meinung standen Sie neben dem toten und blutüberströmten Körper Ihres ehemaligen Arbeitskollegen?

Freitagabend, mit meiner Frau.
Toter Körper ist aber nicht das richtige Wort.

Wie wäre denn das richtige Wort?

Abfall, Müll.
Die Uhrzeit weiß ich nicht, ich trage keine Uhr.

Sie sagten vorhin, Sie hätten mit Ihrer Frau neben dem blutüberströmten Menschen gestanden. Dies bedeutet, Ihre Frau hat mit Ihnen gemeinsam gehandelt?

Das ist anzunehmen, wir waren beide »blood-kicked«.

Was heißt »blood-kicked«?

Dies ist ein Zitat. Es heißt übersetzt »Blut-angeschmiert«.
Nicht alles aus dem Englischen hat eine deutsche Bedeutung. Schreiben Sie einfach »blood-kicked«.

War außer Ihnen, Ihrer Frau und Frankie H. noch jemand dabei?

Ja, Dämonen. Es war deutlich spürbar.

War ein anderer Mensch dabei?

Nein, eine andere menschliche Kreatur war nicht dabei.

Haben Sie noch eine Vorstellung davon, was in der Wohnung alles vorgefallen ist?

Nein, Sie müssen sich das so vorstellen, »switch off and turn the light on«.

Herr R., ich würde gern einmal wissen, wie der ganze Freitag so abgelaufen ist.

Es begann mit der Vorfreude Satan zu küssen. Ich habe uns was zu essen geholt. Da stand noch die Schaschliksoße auf dem Tisch, als wir später aus der Wohnung herausgefahren sind.

Und nach dem Essen?

Wir haben nicht gegessen, die Soße stand ja noch auf dem Tisch. Wir haben ein paar Bierchen getrunken und dann den Frankie in Herten abgeholt.

Von zu Hause?

Nein, unten in Herten. Am Parkhaus in der Innenstadt.

War der Frank mit dem Auto dort?

Ja, der war auch mit dem Auto da.

Sind Sie gemeinsam mit einem Auto dort weggefahren?

Ja, das ist richtig.

Hatte der Frank sein Auto im Parkhaus geparkt?

Das weiß ich nicht, ob im Parkhaus oder am Randstreifen. Von dort sind wir nach Witten gefahren.

Hatten Sie sich mit dem Frank am Parkhaus verabredet?

Ja klar.

Gab es einen besonderen Anlaß zu dieser Verabredung?

Offiziell sind wir ausgewandert, eine Abschlußparty, wo er der Ehrengast ist. Der Frankie fristet jetzt ein schöneres Dasein als in seinem Körper. Mit Satans Hilfe haben wir Ihn daraus befreit, als Werkzeug.

Können Sie sich noch daran erinnern, wann Sie sich mit Frank verabredet haben?

Das war so um halb sieben oder sieben Uhr, nachmittags.

Hatten Sie Frank am gleichen Tag zur Party eingeladen oder schon vorher?

Nee, das war schon lange vorher. Die erste Vision dieser Tat ereilte uns schon ca. ein viertel Jahr vorher. Es war eine exakte Datumsangabe, das ist das, was man an Satan schätzen kann. Es war genau so wie mit unserer Hochzeit, es war genau ein Monat davor.

Herr R., Sie haben am 6.6. geheiratet und am 6.7. hatten Sie den Frank eingeladen. Ist die Zahl »6« ein Zufall?

Die Zahl »6« an sich ist ohne Bedeutung. 666 ist die Zahl des Tieres. Warum er genau diese Daten gewählt hatte, kann ich im Moment nicht sagen. Ich muß warten, bis er sich bei mir meldet. Auch, warum die Ehe am 6. geschlossen wurde, ist auch kein Zufall. Nennen Sie es mit Hitlers Worten »die Vorsehung«.

Herr R., als Sie von Herten nach Witten gefahren sind, wo sind Sie dann gemeinsam mit dem Frank hingegangen?

Wir gingen sofort in die Wohnung, bzw. die Wohnung meiner Frau. Dann haben wir gewartet, bis er in uns fährt.

Was haben Sie denn in der Zwischenzeit in der Wohnung gemacht?

Was getrunken, also vorher, bevor er in uns gefahren ist.

Wissen sie noch, was Sie getrunken haben?

Bier, ja.

Wieviel?

Es kann nicht viel gewesen sein. Da der Körper sonst die Anzeichen des Alkohols preisgibt. Wir wollten Satan aber nicht verärgern.

Haben Sie auch Schnaps getrunken?

Ich trinke nie Schnaps.

Haben Sie sich mit Ihrer Frau und dem Frank unterhalten?

Belanglose Dinge, nichts Genaues, weiß ich auch nicht. Man ist schon so voller Euphorie, Satan gleich zu spüren.

Wie ging es weiter in der Wohnung?

Das war es dann, wir haben gewartet, bis Satan in uns fährt. Irgendwann ist man dann wie unter Narkose. Man steht dann da und sieht das Werk.

Bei mir war es auf jeden Fall so, jeder erlebt das anders.

Das Wahrnehmungsvermögen ist mehr oder minder getrübt. Manche sollen noch etwas von der Handlung mitkriegen. Es ist wie in einer Narkose, man hört noch was, aber man kriegt die Augen nicht auf.

Wie ging es dann weiter?

Wir sind erst mal raus und weggefahren. Einfach aufs Geratewohl. Es hätte ja auch sein können, daß man in der nächsten halben Stunde einen neuen Befehl bekommt. Es kann jetzt passieren oder in der nächsten halben Stunde. Man weiß es nicht. Es ist ein Befehl, der über allem steht.

Die Hölle ist nur ein Ort, wo einen Gottes Wort nicht erreicht. Dort gibt es keine Schmelztiegel oder so etwas.

Haben Sie aus der Wohnung etwas mitgenommen?

Ja, ein paar Klamotten. Wir sind danach ja erst einmal nach Herten gefahren, haben dort von mir ein paar Sachen geholt, noch ein bißchen Geld abgeholt und dann aufs Geratewohl.

Haben Sie sonst noch etwas in der Wohnung gemacht?

Nein, was meinen Sie mit »gemacht«?

Haben Sie etwas an den Wänden gemacht?

Nein, es stand alles vorher da. Es waren fast alles alte Klamotten. Was mich noch brennend interessiert, waren Sie bei dem F.L.? Was sagt das Schwein?

Ich denke über den F.L. können wir uns später unterhalten.

Das Ding ist doch nicht Wert, daß man sich später darüber unterhält.

Sie hatten vorhin gesagt, es hätte alles schon an den Wänden gestanden. Was ist älter, was ist neu?

Da fragen Sie mal besser meine Frau. Als ich sie kennenlernte, stand da überall etwas an der Wand.

Da standen Namen an der Wand.

Da standen überall Namen an der Wand. Auch, wenn man reinkommt, rechts. Die Namen hat meine Frau geschrieben, fragen Sie sie.

Herr R., haben Sie an dem Freitag Drogen genommen oder Tabletten?

Ich nehme niemals Drogen.

Und Tabletten?

An dem Tag kann ich ausschließen, daß ich eine Tablette genommen habe.

Sie haben vorhin gesagt, daß Sie dann neben dem blutüberströmten Menschen gestanden hätten, als das Werk vollendet war. Wo lag der Körper in der Wohnung?

Schräg vor dem Fernseher, im Wohnzimmer.

Haben Sie sich den Körper noch einmal angeguckt?

Was gibt es da groß zu gucken?

Hat, mit Ihren Worten ausgedrückt, Satan gemerkt, daß er eine neue Seele bekommen hat? Kann ein Außenstehender erkennen, daß Satan eine neue Seele bekommen hat?

Nein, kann ich nicht sagen.

Können Sie sich erinnern, was Sie an diesem Freitag getragen haben?

Jeans oder Lackhose. Ich habe eine Jeans angehabt, die habe ich nachher ausgezogen, weil die so voll war. Ich habe die Jeans im Schlafzimmer vor die Heizung geschmissen.

Was hatten Sie noch an?

Ich hatte ein »Exhumed«-T-Shirt an.

Wo sind diese Sachen?

Die müßten eigentlich noch in der Wohnung liegen.

Warum haben Sie die Sachen dort gelassen?

Weil man so nicht rausgehen konnte. Außerdem habe ich mich so naß gefühlt. Die Hose war schwarz und das T-Shirt sowieso rot, aber es war naß.

Meinen Sie damit, daß es voller Blut war?

In der Wohnung war kaum Licht, warum etwas riskieren.

Haben Sie der Leiche des Frank H. etwas abgenommen oder etwas aus der Tasche genommen?

Nein, warum denn? Sie dürfen es nicht mit einem 08/15-Mord vergleichen, es ist wie ein Ritualmord, es gibt kein richtiges Wort dafür, da man die Tat nicht bewußt ausführt.

Sie sagten, Sie hätten nichts gemacht. Hat Ihre Frau etwas am Körper gemacht?

Nein, kann ich mir eigentlich nicht vorstellen.

Der Frank H. hatte nichts bei sich. Wir haben uns gefragt, wo die Sachen sind.

Das war alles noch bei uns im Auto. Auf der Rücksitzbank lagen sein Schlüssel, Handy, Portemonnaie, 3 Sachen. Wir haben die Sachen dann weggeschmissen.

Ja, wir haben 120 Mark rausgenommen. Geld schmeißen wir auch nicht weg.

Haben Sie irgendein Ziel gehabt? Sie sagten vorhin, Sie seien aufs Geratewohl losgefahren?

Die nächstgrößere Stadt, erst mal warten, ob was kommt. Wir fuhren dann nach Hannover, Magdeburg und Sondershausen.

Wo haben Sie eigentlich übernachtet?

In Hotels. Die letzten beiden Nächte nur noch im Auto, es wurde ja dann noch ziemlich heiß, wir wollten nichts riskieren.

Herr R., ein A.H. und ein F.L. kamen zur Polizei und haben der Polizei einen Brief gebracht.

Ja, es war ein gebührender Abschied.

An wen war der Brief denn gerichtet?

An den L.

Wie haben Sie ihm den Brief zukommen lassen?

Eingeschmissen. Ich steckte ihn in einen Briefumschlag, habe ihn frankiert und habe ihn in einen Postkasten geschmissen.

Herr R., ich zeige Ihnen jetzt den Brief.

Sogar im Original.

Wer hat den Brief geschrieben?

Ich. Ich habe diesen Brief geschrieben. Ich dachte, er ärgert sich, weil er der Nazi vor dem Herrn ist.

Ist da Blut auf dem Brief?

Ja, mein Blut. Das war als Provokation gedacht.

Herr R., es gab noch einen zweiten Brief, den hat die Mutter Ihrer Frau bekommen. Haben Sie den Brief gelesen?

Nein, keine Ahnung, was da drin stand.

Was wäre gewesen, wenn die Polizei Sie heute nicht festgenommen hätte? Gab es ein bestimmtes Ziel?

Nein, wir wären weiter rumgezogen und hätten auf einen Befehl gewartet. Vielleicht wären wir ja auch abgeknallt worden.

Herr R., für heute habe ich noch eine letzte Frage. Empfinden Sie für das, was Sie gemacht haben, eine Art Reue?

Ich habe nix getan. Ich war das doch nicht. Wenn ich gelenkt werde, dann kann ich da nichts für.

Sind Sie bereit, in den nächsten Tagen auch wieder mit uns zu sprechen?

Ja, fragen Sie ruhig.

Möchten Sie von sich aus noch irgendetwas erzählen?

Ich kann abschließend nur sagen, daß ein normaler Sterblicher dies nie verstehen wird. Einer, der noch nie von Satan auf die Stirn geküsst wurde, kann sich das nicht vorstellen. Ein abschließendes Wort noch, viel Spaß beim Knobeln. Ich diktiere: »In nomine dei nostri satanas luciferi excelsi. Shemhamforash!«

Ich werde mir den Vernehmungstext nunmehr durchlesen. Wenn mir am Inhalt des Niedergeschriebenen etwas nicht gefällt oder wenn eine meiner Aussagen falsch aufgeschrieben wurde, werde ich den Text verbessern. Mir wurden hier während der Vernehmung Zigaretten und etwas zu trinken angeboten. Ich habe mehrere Zigaretten geraucht und auch zwei Becher Mineralwasser getrunken.

Ich wurde gefragt, ob ich etwas essen wollte, dies habe ich abgelehnt. Irgendwelche Versprechungen sind mir hier nicht gemacht worden. Ich möchte auf die Frage nochmals betonen, daß ich hier vollkommen freiwillig ausgesagt habe.

geschlossen um 22:05 UHR

Am 13.07.2001 um 9:30 Uhr wird Herr Daniel R. aus dem Polizeigewahrsam den Räumlichkeiten der Mordkommission zugeführt.

Herr R., Sie hatten gestern gesagt, daß Sie bereit seien, auch am heutigen Tag mit uns zu sprechen.

Sie sagten selbst, daß Ihnen Ihre Rechte weiterhin in Erinnerung sind. Sie erklärten auch, daß Sie weiterhin auf einen Anwalt verzichten wollen.

Herr R., am heutigen Tage werden Sie dem Haftrichter vorgeführt. Dort wird man Ihnen vorhalten, daß Sie am Abend des 06.07.01 in der Wohnung Ihrer Frau den Frank H. getötet haben sollen.

Herr R., wir möchten Sie zuerst noch einiges zu Ihrer Person fragen. Möchten Sie dazu Angaben machen?

Ja, fragen Sie ruhig

Herr R., wie viele Geschwister haben Sie?

Eine Schwester.

Welche Schule haben Sie besucht?

Zuerst war ich in Herten, da bin ich auch aufgewachsen, auf einer Grundschule. Danach war ich auf einem Gymnasium, dies war jedoch aufgrund einer schwerwiegenden Erkrankung nicht mehr zu meistern. Ich ging dann auf die Realschule.

Was hatten Sie für eine schwerwiegende Erkrankung?

Eine chronische Mandelvereiterung, ich war fast vor dem Tode, der Eiter wurde beinahe ins Blut gestreut.

Welchen Schulabschluß haben Sie erlangt?

Fachoberschulreife mit Qualifikation.

Was haben Sie nach der Schule gemacht?

Nach der Schule habe ich eine Ausbildung zum Einzelhandelskaufmann in der Automobilbranche gemacht. Die Ausbildung habe ich erfolgreich abgeschlossen.

Was haben Sie nach dieser Ausbildung gemacht?

Ich war nach der Ausbildung einen Monat arbeitslos, danach ging ich zur Bundeswehr. Ich leistete meinen Wehrdienst ab. Ich war in Diez, den ganzen Wehrdienst über.

Was haben Sie danach gemacht?

Ich schrieb Bewerbungen und kam dann bei der A.T.U. unter. Zuerst war ich bei A.T.U. in Dortmund. Ca. nach einem halben Jahr, es könnte Februar oder März 1999 gewesen sein, ging ich dann nach A.T.U. in Datteln.

Herr R., haben sie irgendeinen Sport ausgeübt oder waren Sie mal in einem Sportverein?

Ein Lehrer eines Thai-Box-Vereins war sehr gut mit mir befreundet. Also Thai-Boxen kann ich schon ziemlich gut.

Bis wann haben Sie Ihren Beruf bei A.T.U. ausgeübt?

Bis vor kurzem, ich kündigte zum 30.06.01. Ich war dort zweiter Filialleiteranwärter.

Warum haben Sie gekündigt, Sie hatten doch wohl eine gute Perspektive bei A.T.U.?

Ja, das ist richtig. Mir ist es dort nicht schlecht ergangen. Aber wenn der Befehl kommt, das ist verläßlich. Ich konnte danach da ja nicht mehr hin. Es kann ja auch nicht sein, daß es arbeitsmäßig noch irgendwie behindert wird.

Herr R., wie würden Sie Ihr Verhältnis zu Ihren Eltern und Ihrer Schwester beschreiben?

Es ist Mittel zum Zweck, wenn man sich einigermaßen gut mit ihnen stellt. Gefühlsmäßig spüre ich da keine Regung. Klar, sie haben mich geboren. Aber als mir immer mehr klar wurde, daß bei ihnen Unverständnis ist, distanziert man sich. Es ist nicht so, daß ich sie hasse. Aber wenn sie sterben würden, wäre das nicht schlimm. Der Tod ist ja nur eine neue Erfahrung.

Herr R., haben Sie vor der Heirat mit Ihrer Frau noch Beziehungen, möglicherweise auch längere Beziehungen zu anderen Frauen gehabt?

Freundinnen gab es ohne Ende. Vor der Beziehung zu meiner Frau konnte ich mit dem Wort LIEBE nichts anfangen. Mit meiner Frau stellt sich das anders dar. Wir sind eins, ich bin sie und sie ist ich.

Herr R., um mit Ihren Worten zu sprechen, ab welcher Zeit haben Sie gemerkt, daß Satan zu Ihnen spricht oder Ihnen Befehle gibt?

Das Böse war schon sehr lange präsent in meinem Körper. Ich habe schon als kleiner Junge Blutdurst gespürt. Das heißt nicht, jemanden zu töten, sondern der Hang nach Vampirismus und dieser metallisch-salzigen Essenz.

Herr R., wann und auf welchem Wege haben Sie Ihre Frau kennengelernt?

Ursprünglich durch eine Anzeige in einer Metal-Zeitschrift. Kennengelernt habe ich sie auf dem Friedhof. Dies war ein Wink des Bösen, ich kaufte mir vorher nie diese Zeitung, und sie hatte die Zeitschrift auch nur durch einen Bekannten in die Hände bekommen.

Mit welcher Anzeige hatte Ihre Frau damals inseriert, können Sie sich daran erinnern?

Ich hatte inseriert, nicht meine Frau.

Mit welchem Text, sinngemäß?

Pechschwarzer Vampir sucht Prinzessin der Finsternis, die alles und jeden verachtet, die alles haßt. So ungefähr. Auf solche Anzeigen melden sich dann auch Personen, die nur dazu taugen, ausgesaugt zu werden, sonst nichts. Die begreifen gar nicht den Hintergrund.

Herr R., ich würde von Ihnen nun gern noch etwas über die letzten Tage, damit meine ich die Tage vor Ihrer Festnahme durch die Polizei, erfahren. Sie sagten, daß Sie am Freitagabend, nachdem, so wie Sie es sagten, »das Werk von Satan vollbracht worden sei«, Sie gemeinsam mit Ihrer Frau aufs Geratewohl losgefahren wären. Können Sie mal erzählen, wo Sie überall waren und wo Sie übernachtet haben?

Schon gestern hatte ich gesagt, daß wir erst zu meinen Eltern fuhren. Von dort aus fuhren wir zur Bank in Herten. Von dort aus fuhren wir nach Hannover.

Was haben Sie dann in Hannover gemacht?

Wir haben uns ein Hotel gesucht und haben übernachtet.

Können Sie sich an den Namen des Hotels erinnern?

Nein, das weiß ich nicht mehr.

Sind Sie dann am nächsten Tag aus Hannover weggefahren, und wenn ja, wohin?

Am nächsten Tag sind wir in Hannover zur A.T.U. gefahren. Dort haben wir die Bremsen machen lassen und Reifen aufziehen lassen. Danach fuhren wir nach Magdeburg.

Haben Sie zu dieser Zeit schon mal irgendwo getankt gehabt?

Ja klar, Sprit braucht man ja. Ich kann nicht sagen, wo wir getankt haben.

Was haben Sie in Magdeburg gemacht?

Wir sind auch einfach ins Hotel gefahren.

Haben Sie eigentlich Ihre mehrtägige Autofahrt an einer Straßenkarte ausgerichtet oder sind Sie so drauf losgefahren?

Klar, wir guckten schon auf einen Plan. Wenn man auf die Karte sah, dann waren das eben Orte, die ins Auge stachen. Man hätte auch woanders hinfahren können.

Wenn ich alles richtig verstanden habe, sind Sie Freitag oder Samstag in Hannover angekommen, sind dann am Samstag weiter nach Magdeburg gefahren und haben dann dort bis Sonntag übernachtet.

Ja, bis Sonntag morgen waren wir in Magdeburg.

Wo sind Sie von Magdeburg aus hingefahren?

Nach Sondershausen.

Hatte das einen besonderen Grund, Sondershausen ist ein relativ kleiner Ort. Wenn man auf eine Straßenkarte schaut, dann sticht Sondershausen nicht unbedingt ins Auge?

Das Böse ist dort sehr stark vertreten.

Können Sie uns das ein wenig erläutern?

Es geschah damals ein Mord in Seinem Namen, aber kein Mord, den ER ausgeführt hat. Hendrik M. hatte damals den Sandro B. umgebracht. Er hatte versucht, dem Sandro das Genick über einer Stuhllehne zu brechen. Als es nicht gelang, haben die ein Telefonkabel oder Stromkabel genommen und ihn erdrosselt. Es machte sich Panik breit und sie haben den in eine Baugrube geschmissen. Die beiden anderen, die da mit bei waren, haben nachher einen Brief an einen Priester geschrieben und sich entschuldigt. Auch an die Eltern. Wie schwach ist das.

Auch in meiner Daseinsform gibt es ein Gewissen. Das Gewissen läßt sich nicht unterdrücken. Es spricht aber auf andere Punkte an als bei einem Menschen.

Sie haben gerade in diesem Zusammenhang gesagt, Sie hätten ein reines Gewissen?

Ich habe ja nichts getan. Wenn er sich meines Körpers bedient, um irgendeine Handlung auszuführen, dann war ich das nicht.

Sie hatten gesagt, daß von Magdeburg aus nach Sondershausen fuhren. Was haben Sie dort gemacht?

Wir suchten erst mal ein Hotel. Den Zentralfriedhof haben wir auch gesucht, oder irgendeinen Friedhof, wir wußten nicht , wie der heißt.

Haben Sie den Friedhof gesucht, wo der Sandro B. beerdigt wurde, oder einfach nur irgendeinen Friedhof?

Nein, wo der beerdigt wurde, wußten wir ja auch nicht.

Haben Sie den Friedhof gefunden?

Klar.

Was haben Sie denn gemacht, als Sie in Sondershausen den Friedhof gefunden haben?

Wir sind mal drübergelaufen. Das Grab vom Sandro B. haben wir nicht gefunden. Es wäre mal ganz nett gewesen, das Grab zu finden. Es war aber nicht so wichtig, daß sich der Aufwand gelohnt hätte, da eine Stunde rumzulaufen und das Grab zu suchen.

Was haben Sie gemacht, nachdem Sie vom Friedhof in Sondershausen wegfuhren?

Das war am Sonntag, wir sind dann in ein Hotel. Am Montag morgen sind wir in einen Baumarkt gefahren und haben die Kettensäge geholt. Wir konnten ja nicht vorahnen, welche Befehle wir noch bekommen hätten. Man mußte ja gewappnet sein. Wenn er es befohlen hätte, wären Köpfe gerollt.

Können Sie sich erinnern, in welchem Baumarkt Sie die Kettensäge gekauft haben und in welchem Ort?

Bei Obi, in Sondershausen.

Was haben Sie dann weiter gemacht, also am Montag?

Wir haben uns was zu essen geholt. Dann haben wir die Benzinkanister noch vollgemacht.

Wir fuhren dann ins Hotel und haben die Säge zusammengebaut. Dann haben wir erst einmal nichts weiter gemacht.

Sie haben gesagt, Sie hätten die Kanister vollgemacht. Hatten Sie mehrere Kanister dabei?

Mehrere, zwei Zwanzig-Liter- und drei Fünf-Liter-Kanister.

Haben Sie die Kanister irgendwo gekauft oder hatten Sie immer so viele oder mehrere Kanister in Ihrem Auto?

Die kleinen haben wir von Aral geholt, die anderen hatten wir von A.T.U. in Hannover mitgenommen.

Haben sie alle Kanister vollgetankt oder nur einige der insgesamt fünf?

Nein, alle voll. In den großen Kanistern war Benzin, einer war mit Trabantgemisch, also 1:33, einer mit Diesel, im letzten war Kettensägengemisch. Dies habe ich aber selbst gemacht, Benzin rein und Öl rein. Die Kettensäge läuft mit 1:40.

Warum war denn einer der Kanister mit Diesel gemischt?

Brennt gut.

Hatten Sie vor, irgendwo etwas anzuzünden, oder was für eine Bewandtnis hat es gehabt, daß Sie Diesel mitgenommen haben?

Es ist eine ungeheure Ehre, wenn Satan in den Körper fährt.
Warum nicht mal eine Kirche abbrennen, um ihm zu huldigen?

Sie hatten vorhin gesagt, Sie hätten am Montag die Säge im Hotel zusammengebaut. Haben sie von Montag auf Dienstag in dem Hotel in Sondershausen übernachtet?

Ja.

Was haben sie denn am Dienstag gemacht, Herr R.?

Wir haben uns in der Stadt rumgetrieben, dann noch mal kurz nach Sangershausen, so heißt der Ort, glaube ich. Sind dann dort ins Hotel. Dort sind wir aber sofort wieder raus. An der Rezeption, die haben etwas seltsam geguckt, und die Zeit war auch schon vorangeschritten. Man hätte davon ausgehen können, daß schon Abbilder unserer Körper bereits raus waren.

Sind Sie zu einem anderen Hotel gefahren oder was haben Sie gemacht?

Wir sind wieder nach Sondershausen. Dort haben wir uns in menschenarme Ecken gestellt. Wir haben auf den Anbruch der Nacht gewartet, um dann unseren Herrn zu preisen und eine Kirche anzuzünden. Dies wurde leider vereitelt.

Wie darf ich das verstehen, daß dies vereitelt wurde?

Es funktionierte nicht, es verdunstete zu schnell.

Also das Benzin?

Ja.

Was haben Sie dann gemacht?

Wir fuhren dann weiter. Uns war klar, daß er noch etwas Besonderes mit uns vorhat.

Fuhren Sie mitten in der Nacht von Dienstag auf Mittwoch woanders hin?

Nein, wir sind in Sondershausen zum Friedhof gefahren und haben dort im Auto geschlafen. Am Mittwochmorgen sind wir dann weitergefahren. Wir fuhren durch zig verschiedene kleine Ortschaften. Wo wir am Mittwoch gelandet sind, weiß ich nicht. Den Ort weiß ich nicht mehr. Wir fuhren den ganzen Tag durch die Gegend. Wir haben dann auch wieder an einem Wegesrand im Auto geschlafen.

Was haben Sie dann am Donnerstag gemacht, Herr R.?

Wir waren in Jena unten, waren bei McDonalds, in einer Apotheke Verbandszeug geholt.

Waren Sie oder Ihre Frau in der Apotheke, oder gemeinsam?

Meine Frau.

Herr R., wir haben natürlich erfahren, daß an diesem Tag eine Apotheke von einer Frau mit einer Pistole überfallen wurde. Hat Ihre Frau Ihnen etwas darüber erzählt, hat sie die Apotheke überfallen?

Da weiß ich nichts von.

Sie haben vorhin erklärt, daß Sie in Sondershausen auf dem Friedhof waren. Haben sie dort oder auf anderen Friedhöfen irgendetwas gemacht, außer nur so über den Friedhof zu laufen?

Nein.

Haben Sie oder Ihre Frau auf dem Friedhof Kreuze umgeschmissen oder etwas anderes gemacht?

Welchen Sinn hätte das denn? Sind wir Kindersatanisten oder was? Es war nicht so angeordnet, also wird das nicht gemacht.

Herr R., wir haben in Ihrem Auto und in der Wohnung Ihrer Frau viele Waffen gefunden. Warum haben Sie so viele Waffen?

Da bin ich geil drauf. Außerdem muß man gewappnet sein. Die wurden alle besorgt, nach dem ersten Befehl seinerseits. Man muß ihm etwas anbieten können. Man hatte natürlich vorher auch schon Messer, aber nichts Wildes.

Wann und wo haben Sie Ihre Waffen gekauft? Können Sie hierzu noch konkrete Angaben machen?

In Recklinghausen, bei »Waffen Köster« zum Beispiel. Dies war das Hauptgeschäft. Man ist aber soviel durch die Gegend gefahren. Man sucht natürlich auch was Ausgefallenes, man überlegt, was ihm so gefallen könnte.

Herr R., Sie haben uns gestern erzählt, daß Sie den Befehl bekommen hätten, und daß Ihr Körper das Werk vollendet hätte. Haben Sie sich dafür besondere Waffen gekauft?

Die Waffen sind ja dafür gewesen. Man ist ja wie in Narkose, darum müssen auch genügend Waffen dort sein.

Können Sie dies vielleicht etwas näher erläutern, Herr R.?

Es ist so, daß man nicht weiß, wie er in den Körper fährt und wie er den

Körper steuert. Man weiß vorher nicht, wie das Sehvermögen ist. Darum wird alles angekarrt. Es gäbe nichts Schlimmeres, als daß er unverrichteter Dinge wieder abzieht. Also muß man überall Waffen haben, wo man hingreift.

Haben Sie dazu die Waffen vor »Vollendung« verteilt, oder vielleicht gezielt platziert?

Warum sollte man sie verteilen, es lagen ja schon vorher überall Waffen.

Herr R., wir haben in der Wohnung Ihrer Frau Bier und auch eine volle Flasche Whiskey gefunden. Wer hat diese Dinge eingekauft und wo?

Die volle Flasche Whiskey hat Frankie mitgebracht, das Bier war schon länger im Haus. Das war aus einem Getränkemarkt.

Herr R., Sie hatten gestern gesagt, daß Sie Frankie nicht kurzfristig eingeladen hätten, sondern schon einige Zeit vorher. Können Sie sich noch daran erinnern, wann es gewesen sein könnte?

Es war direkt nach dem Befehl.

Können Sie noch nachvollziehen, an welchem Tag Sie den Befehl erhalten haben?

Das ist schon länger her, ungefähr drei Monate. Da wurde ihm das erste Mal nahegelegt, sich an diesem Tag nichts vorzunehmen.

Herr R., drei Monate ist ja doch eine lange Zeit, haben Sie Frankie noch mal an diesen Tag, Ihre Einladung erinnert?

Danach, natürlich. Ich habe ihn öfter daran erinnert. Es war einfach zu wichtig. Wie hätten wir sonst dagestanden, Satan hätte uns innerlich zerfetzt.

Herr R., warum haben Sie Frankie genau für den 6.7. und nicht für den 5.7. oder den 8.7.01 eingeladen?

Es war so vorherbestimmt. Es lag ja nicht an uns. Wenn der Befehl nicht gekommen wäre, würde Frankie jetzt noch leben.

Wurde Ihnen der exakte Tag bei dem Befehl benannt?

Ja, es sind insgesamt konkret 4 Zahlen da. Zwei Zahlen für unseren Auftrag und zwei Zahlen für die Hochzeit.

Für die Hochzeit wurde konkret der Hintergrund genannt. Falls man uns nach der Tat hinrichten würde, auf der Straße oder so, daß dann unsere Körper zusammen beerdigt werden.

Herr R., sollten noch andere Personen als Frankie an diesem Tag eingeladen werden?

Es stand zur Debatte. Satan verlangt ja nicht nur nach einer Seele. Aber die Heimsuchung war zu kurz.

Können Sie uns etwas näher erläutern, warum dann doch keine weiteren Personen eingeladen wurden?

Es war angedacht, daß an diesem Abend noch mehrere Leute nach und nach kommen. Es war aber zu kurz. Nach so einer Heimsuchung war der Körper geschwächt. Außerdem bekommt man nicht den Zeitpunkt der Heimsuchung genannt. Man hat keine Standleitung nach unten. Der Draht nach unten ist sehr dünn. Man kann nicht den Hörer abnehmen und dann passiert's eben.

Sie haben gesagt, es sei angedacht gewesen, daß mehrere Leute an diesem Tag nach und nach zur Wohnung kommen. Standen die Namen dieser Leute fest und wurden sie auch schon mal eingeladen?

Die wurden eingeladen, aber nicht von mir.

Hatte Ihre Frau diese Leute eingeladen?

Es sind recht gute Bekannte meiner Frau, ja.

Können Sie uns die Namen dieser Bekannten sagen?

Pseudonyme, »Angel« und »Luna«.

Kennen Sie die Vornamen oder auch die Nachnamen dieser beiden?

Er heißt Dirk mit Vornamen, wie sie heißt, weiß ich nicht.

Herr R., Sie haben gesagt, wie »sie« heiße, wüßten Sie nicht. Waren denn diese Leute auch ein Ehepaar?

Nein, ich glaube nicht.

Aber es waren ein Mann und eine Frau?

Ja, na klar.

Herr R., Sie sagten, Angel und Luna waren Bekannte Ihrer Frau. Sie seien auch mal eingeladen worden, für diesen Tag. Warum sind die beiden nicht erschienen?

Abgesagt.

Hat Ihre Frau die Einladung abgesagt oder haben Sie abgesagt?

Wie hätte man denen es erklären sollen. Da war ein Stück Fleisch. Blutüberströmt. Man hätte nicht darauf hoffen können, daß er wieder in uns fährt einfährt. Meine Frau hat die beiden angerufen und ausgeladen.

Sind dann die beiden erst nach der Tötung des Frankie oder vorher bereits ausgeladen worden?

Danach. Vorher wäre ja auch gar nicht möglich, man weiß nicht, wie lange es dauert.

Herr R., ich habe ein paar Probleme, dies alles richtig zu verstehen. Heißt das, daß Sie erst einmal abwarten wollten, wie lange es bei Ihnen andauert? Wenn Satan also länger in Ihrem Körper gewesen wäre, dann hätten Sie Angel und Luna nicht ausgeladen?

Das wäre ja gar nicht möglich gewesen.

Herr R., was wäre denn wohl passiert, wenn Luna und Angel doch gekommen wären und Satan zu dieser Zeit noch in Ihnen gewesen wäre?

Das müssen sie ihn fragen. Ich muß nur noch einmal sagen, es liegt nicht in der Hand des Körpers. Ein Auto fährt auch, aber nur dahin, wo der Fahrer will.

Herr R., ich zeige Ihnen nun zwei Bilder aus dem Wohnzimmer der Wohnung Ihrer Frau. Darauf ist die Wand sofort rechts im Wohnzimmer abgebildet. Auf dieser Wand stand unter anderem »L., du bist der Nächste«. Können Sie mir sagen, wer dies auf die Wand geschrieben hat und zu welchem Zweck?

Das war ich, ich sagte es gestern schon. Zu welchem Zweck sagte ich auch, um Panik zu machen, weil er so ein Schwein ist. Wenn Satan gewollt hätte, dann wäre L. getötet worden.

Können Sie mir sagen, wann Sie dies auf die Wand geschrieben haben?

Das war nach der Tat. Also das mit dem L. Das andere stand schon länger.

Mit »das andere« meinen Sie die Namen, die darunter standen?

Ja, aber auch das »kill it, before it dies«.

Wer hat die Namen darauf geschrieben?

Nun ja, zwei Personen waren da. Wenn ich es nicht war ... Ich sagte es bereits gestern schon.

Welchen Sinn hatten die Namen, ich glaube, das haben Sie uns gestern noch nicht gesagt?

Doch, Panik machen. Es war ja davon auszugehen, daß noch mal was kommt. Wenn noch einmal eine Heimsuchung aufgetreten wäre und man wäre in der Nähe einer solchen Person gewesen, dann hätte es Satan gefallen.

Herr R., wäre bei einer weiteren Heimsuchung eine dieser Personen als Opfer ausgesucht worden?

Nein, wäre eine Person greifbar gewesen, dann unter Umständen, ja. Es hätte aber nicht zwangsläufig eine dieser Personen sein müssen. Es hätte in seinen Händen gelegen.

Herr R., die Namen stehen untereinander. Hat dies eine Bedeutung?

Nein, die stehen aneinandergereiht. Keine Bedeutung. Ich denke es mir, ich habe sie auch nicht aufgeschrieben.

Herr R., können Sie noch etwas zur Ausführung der Tat, oder, um mit Ihren Worten zu sprechen, noch etwas über die Ausführung des Auftrags sagen?

Was wollen Sie genau wissen, den Tathergang oder was?

Ja, das ist damit gemeint.

Nein, kann ich nicht sagen, nicht möglich. Ich kann nur noch mal sagen, ich habe das nicht getan.

Wer hat das denn dann getan, Herr R.?

Ich war nicht da. Mein Körper befand sich natürlich in dem Raum.

Herr R., möchten Sie abschließend noch etwas sagen?

Nein.

Mir wurden hier Zigaretten und etwas zu trinken angeboten. Ich habe mehrere Zigaretten geraucht und Mineralwasser getrunken. Ich wurde auch gefragt, ob ich Pausen wünsche. Auf Pausen habe ich verzichtet.

Ich habe hier freiwillig Angaben gemacht. An meiner gestrigen Einstellung hat sich nichts geändert, ich bin weiterhin bereit, bei der Polizei Vernehmungen durchzuführen.

geschlossen, 12:25 Uhr